Werner Siepe

EXTRABEITRÄGE ZUR GESETZLICHEN RENTE

Warum die Jahre 2017 bis 2023 als die sieben guten Rentenjahre gelten

M&E Books Verlag

Köln

EXTRABEITRÄGE ZUR GESETZLICHEN RENTE
Warum die Jahre 2017 bis 2023 als die sieben guten Rentenjahre gelten
Werner Siepe
ISBN 978-3-947201-27-3 (Taschenbuch)
ISBN 978-3-947201-28-0 (Gebundene Ausgabe)
1. Auflage - Dezember 2017
© 2017 by M&E Books Verlag GmbH, Köln

M&E Books Verlag GmbH
Thywissenstraße 2
51065 Köln
Telefon 0221 – 9865 6223
Telefax 0221 – 5609 0953
www.me-books.de
info@me-books.de
Steuer-Nr: 218/5725/1344
USt.-IdNr.: DE310782725
Geschäftsführer: Vu Dinh

Die Deutsche Nationalbibliothek verzeichnet diese Publikation in der Deutschen Nationalbibliographie. Detaillierte bibliographische Daten sind im Internet über http://dnb.de abrufbar.

Cover Photo background-1267306.jpg, euro-447215.png & euro-447216.png at https://pixabay.com (CC0 Creative Commons); Portraitfoto des Autors auf Buchrücken: ARD Sendung „Plusminus" vom 20.01.2016 mit dem Beitrag "Das Comeback der gesetzlichen Rente"

VORWORT

Warum die Jahre 2017 bis 2023 als die sieben guten Jahre für Extrabeiträge zur gesetzlichen Rente zählen, wird ausführlich im 1. Kapitel begründet. Extrabeiträge (auch Zusatzbeiträge genannt) sind ein Sammelbegriff für alle Beiträge zur gesetzlichen Rente, die keine Pflichtbeiträge sind. Sie werden also von den Versicherten in vollem Umfang aus freien Stücken geleistet. Eine finanzielle Beteiligung des Arbeitgebers daran erfolgt in aller Regel nicht.

Die Zahlung von solchen Extrabeiträgen in 2017 bis 2023 ist attraktiv, weil die Beitragssätze und das Rentenniveau in diesen Jahren stabil bleiben und damit auch weiterhin ein stabiles Beitrag-Rente-Verhältnis vorhanden ist. Außerdem erfolgt die Ost-West-Rentenangleichung in sieben Schritten, was außer für Ost-Rentner insbesondere auch für rentennahe Ost-Versicherte vorteilhaft ist.

Eine gesetzliche Rente aus Extra- bzw. Zusatzbeiträgen – geht das aber überhaupt, sofern man die finanziellen Mittel dazu hat? In der Tat gibt es aktuell grundsätzlich drei Möglichkeiten, mit Extrabeiträgen die eigene gesetzliche Rente aufzubessern. Dabei handelt es sich um freiwillige Beiträge für Nicht-Pflichtversicherte, Ausgleichsbeträge für mindestens 50-jährige Angestellte sowie Nachzahlungsbeträge für bis zu 45-Jährige Versicherte oder für vor 1955 geborene Mütter.

Einen ersten Überblick darüber bietet das zweite Kapitel. Im dritten, vierten und fünften Kapitel werden Extrabeiträge für Beamte oder Angestellte ausführlich erläutert. Wer will, kann also direkt in eines dieser Kapitel einsteigen, um Näheres zu erfahren.

Seit 11. August 2010 können Nicht-Pflichtversicherte wie Beamte **freiwillige Beiträge** zur gesetzlichen Rente zahlen. Was dabei alles zu beachten ist, steht im dritten Kapitel.

Ab 1. Juli 2017 ist der Rückkauf von Rentenabschlägen schon ab 50 Jahren möglich, bei Nachweis eines berechtigten Interesses auch für unter 50-Jährige. Der zu zahlende **Ausgleichsbetrag** kann in jährlichen oder halbjährlichen Raten erfolgen. Alle Details dazu sind im vierten Kapitel zu lesen.

Nachzahlungsbeträge für Ausbildungszeiten, die nicht als Anrechnungszeiten zählen, sind bis zur Vollendung des 45. Lebensjahres möglich. Vor 1955 geborene Mütter können nach Erreichen der Regelaltersgrenze ebenfalls Beiträge für die Monate zahlen, die ihnen an der für einen Rentenanspruch notwendigen Wartezeit von fünf Jahren fehlen. Diese speziellen Fälle werden im fünften Kapitel behandelt.

Im sechsten und siebten Kapitel geht es schließlich noch um die Kranken- und Pflegeversicherungsbeiträge sowie die Steuern im Ruhestand.

Die gesetzliche Rente aus freiwilligen Beiträgen, Nachzahlungsbeträgen und Ausgleichsbeträgen erweist sich angesichts der rekordtiefen Zinsen im Vergleich zur Riester-Rente, Rürup-Rente oder Rente aus der privaten Rentenversicherung. als erste Wahl. Die umlagefinanzierte gesetzliche Rente ist vom Zinsniveau am Kapitalmarkt völlig abgekoppelt und profitiert aktuell von Rekordbeschäftigung und steigenden Löhnen. Dies gilt es zu nutzen.

Gut zu wissen: Freiwillige Beiträge, Ausgleichsbeträge und Nachzahlungsbeträge für das Vorjahr können auch noch bis zum 31. März des laufenden Jahres gezahlt werden. Da der 31. März 2018 auf den Karsamstag fällt und darauf Ostersonntag und –montag folgen, ist die rückwirkende Beitragszahlung für 2017 ausnahmsweise bis zum 3. April 2018 möglich.

Wenn Sie Fragen haben, nehmen Sie mit mir bitte Kontakt auf über die E-Mail-Adresse werner.siepe@me-books.de.

Werner Siepe

INHALTSVERZEICHNIS

ABBILDUNGSVERZEICHNIS

TABELLENVERZEICHNIS

1. SIEBEN GUTE RENTENJAHRE

Sechs Jahre lang hintereinander haben sich die Beitragseinnahmen aufgrund anhaltender Beschäftigung und steigender Löhne besser entwickelt als erwartet, betonte Bundesvorstandsvorsitzender Alexander Gunkel[1] auf der Bundesvertreterversammlung der Deutschen Rentenversicherung am 7.12.2017.

Allein die Einnahmen aus Pflichtbeiträgen waren im November 2017 mit 21,7 Milliarden Euro so hoch wie nie und sogar 4,7 Prozent höher im Vergleich zum Vorjahr. Es wird damit gerechnet, dass die Anzahl der Beitragszahler im Jahr 2017 um 1,7 Prozent steigt und die Löhne um 3 Prozent zunehmen.

Rekordbeschäftigung und Lohnsteigerungen haben sich in den letzten zehn Jahren auch positiv auf die Renten ausgewirkt. Von 2007 bis 2017 sind die gesetzlichen Renten im Westen um insgesamt 18 Prozent bzw. durchschnittlich 1,7 Prozent pro Jahr gestiegen. Die Rentensteigerungen liegen damit eindeutig über der Inflationsrate, so dass sich auch die Kaufkraft der gesetzlichen Rente erhöht hat.

Vom stetigen Absinken der Kaufkraft oder gar von dauernden Rentenkürzungen kann keine Rede sein. Die Wirklichkeit sieht völlig anders aus, als Untergangspropheten der Bevölkerung weis machen wollen und damit zur Rentenverunsicherung beitragen.

Anders als vor zehn Jahren prognostiziert, ist auch der Beitragssatz von 19,9 Prozent in 2007 auf 18,7 Prozent in 2017 gesunken. Und das Rentenniveau ist im Vergleich zu 2007 geringer gesunken als seinerzeit befürchtet.

---

[1] http://www.deutsche-rentenversicherung.de/Allgemein/de/Inhalt/4_Presse/infos_der_pressestelle/02_medieninformationen/04_reden/bundesvertreterversammlung/2017_12_berlin/rede_gunkel.pdf?__blob=publicationFile&v=2

Kein Wunder, dass die Rentenkasse momentan prall gefüllt ist und in den nächsten Jahren auch weiterhin gefüllt sein wird.

Auch die Rentenperspektiven für 2017 bis 2023 sind außerordentlich günstig. Sie leiten sich aus dem Rentenversicherungsbericht 2017 der Bundesregierung[2] vom 22.11.2017 ab.

Die sieben Jahre von 2017 bis 2023 mit stabilem Beitragssatz, stabilem Rentenniveau und stabilem Beitrag-Rente-Verhältnis sind gute Jahre für Extrabeiträge zur gesetzlichen Rente, wie die folgenden Unterkapitel 1.1 bis 1.4 zeigen. Nicht nur rentennahe Versicherte ab 55 Jahren (Gruppe 55plus) sollten die Jahre von 2017 bis 2023 für die Zahlung von Extrabeiträgen nutzen.

Dies gilt für freiwillige Beiträge von Nicht-Pflichtversicherten wie Beamten ebenso wie für Ausgleichsbeträge zum Rückkauf von Rentenabschlägen ab 50 Jahren (bei Nachweis eines berechtigten Interesses auch schon früher) und Nachzahlungsbeträge für länger zurückliegende Ausbildungszeiten bis zum Alter von 45 Jahren.

Der Grund ist relativ einfach: Mit niedrigen Beitragssätzen von 18,6 bzw. 18,7 Prozent werden mehr Entgelt- bzw. Rentenpunkte erworben im Vergleich zu den Jahren ab 2024, in denen der Beitragssatz stark steigt. Die bis Ende 2023 erreichbaren Rentenanwartschaften für diese in den sieben guten Jahren gezahlten Extrabeiträge werden also mit geringeren finanziellen Mitteln erworben.

Da Beitragssatz und Rentenniveau bis zum Jahr 2023 stabil bleiben, ist ein recht günstiges Beitrag-Rente-Verhältnis als Rentenanwartschaft in Prozent des Rentenbeitrags von durchschnittlich 5,4 Prozent die Folge. Auch in den Jahren 2006 bis 2016 lag dieser jährliche Rentensatz nicht höher.

---

[2] http://www.bmas.de/SharedDocs/Downloads/DE/PDF-Pressemitteilungen/2017/rentenversicherungsbericht-2017.pdf?__blob=publicationFile&v=1

Es handelt sich bei diesen sieben guten Rentenjahren um ein Zwischenhoch bzw. um eine demografische Pause, da die geburtenstarken Jahrgänge der Babyboomer (1959 bis 1969) nach Erreichen der Regelaltersgrenze von 66 bzw. 67 Jahren erst ab 2025 in Rente gehen.

Nach dem „Übergangsjahr" 2024, in dem die Renten noch in etwa so steigen sollen wie die Löhne, folgen dann sieben eher schlechte Rentenjahre von 2025 bis 2031, die von deutlich steigenden Beitragssätzen und gleichzeitig sinkendem Rentenniveau geprägt sein werden. Die Rentenneuzugänge in diesen Jahren werden durch den Eintritt der Babyboomer-Jahrgänge deutlich zunehmen, was zwangsläufig zu einem starken Anstieg der Rentenausgaben führen wird.

Die deutliche Erhöhung des Beitragssatzes von 18,7 Prozent in 2023 bis auf 21,9 Prozent in 2031 bedeutet einen Anstieg um rund ein Sechstel. Zugleich sinkt das Rentenniveau um vier Prozentpunkte. Die unmittelbare Folge von steigendem Beitragssatz und gleichzeitig sinkendem Rentenniveau macht sich beim Beitrag-Rente-Verhältnis bemerkbar. Der jährliche Rentensatz sinkt stetig von rund 5,4 Prozent in 2023 bis auf nur noch rund 4,2 Prozent in 2031, also fast um ein Viertel.

Bei den Rentenperspektiven ist es fast so wie in der Bibel: Auf sieben gute bzw. fette Jahre folgen sieben schlechte bzw. magere Jahre. Es gilt, die sieben guten Jahre zu nutzen.

1.1. Stabile Beitragssätze

Wie sich die Beitragssätze laut Rentenversicherungsbericht 2017 in den nächsten 15 Jahren entwickeln, zeigt die Übersicht B 7 auf Seite 37 des Rentenversicherungsberichts 2017 der Bundesregierung.

Dabei werden drei Lohnvarianten (untere, mittlere und obere) sowie drei Beschäftigungsvarianten (untere, mittlere und obere) berücksichtigt, insgesamt also neun Varianten. Zur besseren Übersicht werden in der Tabelle 1 nur drei Varianten dargestellt.

Beitragssätze bei der mittleren Variante

Im Vordergrund steht die mittlere Variante mit einer mittleren Lohnvariante (jährliche Lohnsteigerung 3 Prozent ab 2026) und einer mittleren Beschäftigungsvariante (Rückgang von 38 Mio. sozialversicherungspflichtig Beschäftigten Anfang 2017 auf 35,3 Mio. im Jahr 2031, also um 2,7 Millionen bzw. um 7,1 Prozent innerhalb von 15 Jahren).

Nach dieser mittleren Variante bleibt der Beitragssatz von 2017 bis 2023 stabil bei 18,7 bzw. 18,6 Prozent. Ab 2024 steigt der Beitragssatz stark an bis auf 21,9 Prozent in 2031 (siehe Tabelle 1 mit gefetteten Prozentzahlen bei der mittleren Variante). Im Vergleich zu den nur 18,6 Prozent in den Jahren 2018 bis 2022 liegt der Beitragssatz von 21,9 Prozent im Jahr 2031 um gut ein Sechstel darüber.

Beitragssätze bei der untersten Variante

Die „unterste", eher pessimistische Variante geht von einer jährlichen Lohnsteigerung von nur 2 Prozent ab 2026 (untere Lohnvariante) und zugleich von einem Rückgang der Beschäftigung um 4,1 Millionen bzw. um 10,8 Prozent im 15-Jahres-Zeitraum aus (untere Beschäftigungsvariante).

Dadurch steigt der Beitragssatz bereits ab 2022 auf 19 Prozent und dann weiter bis auf 22,3 Prozent in 2031. In diesem Fall würde auch die Beitragssatz-Obergrenze von 22 Prozent im Jahr 2030 um einen Zehntel Prozentpunkt übertroffen.

Beitragssätze bei der obersten Variante

Sehr optimistisch fällt die „oberste" Variante aus, bei der eine jährliche Lohnsteigerung von 4 Prozent ab 2026 (obere Lohnvariante) und nur ein geringer Rückgang der Beschäftigung um 1,1 Millionen bzw. um nur 2,9 Prozent (obere Beschäftigungsvariante) angenommen werden.

Der Beitragssatz könnte bei dieser Variante sogar auf 18,2 Prozent in den Jahren 2018 bis 2022 fallen. Allerdings würde er ab 2023 ebenfalls rasant steigen bis auf 21,4 Prozent in 2031. In den Jahren ab 2024 läge der Beitragssatz trotz der hohen Lohnsteigerungen und guten Beschäftigungslage nur um 0,4 bis 0,5 Prozentpunkte unter dem Beitragssatz nach der mittleren Variante.

Tabelle 1: Entwicklung der Beitragssätze bei drei Varianten

Jahre	untere Variante*	mittlere Variante**	obere Variante***
2017	18,7 %	18,7 %	18,7 %
2018	18,6 %	18,6 %	18,2 %
2019	18,6 %	18,6 %	18,2 %
2020	18,6 %	18,6 %	18,2 %
2021	18,6 %	18,6 %	18,2 %
2022	19,0 %	18,6 %	18,2 %
2023	19,9 %	18,7 %	18,9 %
2024	20,1 %	19,8 %	19,4 %
2025	20,3 %	20,1 %	19,5 %
2026	20,7 %	20,2 %	19,9 %
2027	21,1 %	20,6 %	20,2 %
2028	21,4 %	21,0 %	20,4 %
2029	21,8 %	21,3 %	20,9 %
2030	22,0 %	21,6 %	21,1 %
2031	22,3 %	21,9 %	21,4 %

*) untere Lohnvariante und zugleich untere Beschäftigungsvariante

**) mittlere Lohn- und Beschäftigungsvariante

***) obere Lohnvariante und zugleich obere Beschäftigungsvariante

Abbildung 1: Entwicklung der Beitragssätze bei drei Varianten

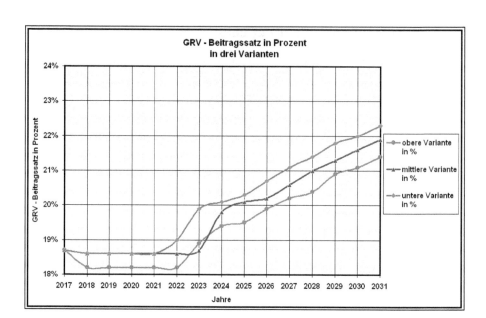

1.2. Stabiles Rentenniveau

Das Rentenniveau drückt die Standardrente nach 45 Jahren Durchschnittsverdienst in Prozent des Durchschnittsentgelts aus. Tatsächlich gibt es aber mindestens zwei Arten zur Berechnung des Rentenniveaus.

Sicherungsniveau vor Steuern stabil bis 2024 und danach stark fallend

In der Übersicht B 8 auf Seite 38 des Rentenversicherungsberichts 2017 der Bundesregierung wird das Sicherungsniveau vor Steuern in der mittleren Variante für die Jahre 2017 bis 2031 angegeben.

Laut Sechstem Sozialgesetzbuch für die gesetzliche Rentenversicherung ist unter Sicherungsniveau vor Steuern das Verhältnis von verfügbarer Standardrente (Bruttostandardrente minus Beiträge zur gesetzlichen Kranken- und Pflegeversicherung) zum verfügbaren Durchschnittsentgelt (Bruttodurchschnittsentgelt minus Arbeitnehmeranteil zur Sozialversicherung) ohne Berücksichtigung von Steuern zu verstehen.[3] Würde man diesen Berechnungsmaßstab laut Sechstem Sozialgesetzbuch zugrunde legen, läge das Sicherungsniveau vor Steuern im Jahr 2017 beispielsweise bei 50,6 Prozent.

Da das Bundessozialministerium jedoch seit 2005 nicht den Arbeitnehmeranteil von zurzeit rund 20,7 Prozent vom Bruttodurchschnittsentgelt abzieht, sondern die volkswirtschaftliche Sozialabgabenquote von aktuell nur rund 16 Prozent, fällt das verfügbare Durchschnittsentgelt auf dem Papier höher aus und das Verhältnis von verfügbarer Standardrente zum verfügbaren Durchschnittsentgelt entsprechend niedriger. Somit liegt das Sicherungsniveau nach dieser amtlichen Berechnungsweise in 2017 nur bei 48,2 Prozent und damit immerhin um 2,4 Prozentpunkte niedriger im Vergleich zu der im Gesetz festgelegten Berechnungsmethode.

In den Jahren 2017 bis 2024 bleibt das Sicherungsniveau vor Steuern relativ stabil bei 48,0 bis 48,3 Prozent. Danach fällt es rasch ab bis auf 44,6 Prozent in 2031 (siehe gefettete Zahlen in der Tabelle 2). Die Untergrenze für das Sicherungsniveau vor Steuern in Höhe von 43 Prozent im Jahr 2030 wird um zwei Prozentpunkte überschritten.

Bruttorentenniveau bis 2023 stabil und danach stark fallend

Bis zum Jahr 2004 wurde in den offiziellen Rentenversicherungsberichten der Bundesregierung immer das Bruttorentenniveau angegeben. Darunter ist die Brutto-Standardrente nach 45 Jahren Durchschnittsverdienst in Prozent des Brutto-Durchschnittsentgelts zu verstehen. Die

---

[3] siehe § 154 Abs. 3 Ziffer 2 SGB VI https://www.gesetze-im-internet.de/sgb_6/__154.html

Deutsche Rentenversicherung gibt in ihrer Broschüre[4] „Rentenversicherung in Zahlen 2017" auch heute noch neben dem Sicherungsniveau vor Steuern auch das erreichte Bruttorentenniveau bis 2016 an (dort siehe Seite 27, letzte Spalte).

Auch für interessierte Laien ist die Berechnung des aktuellen und künftigen Bruttorentenniveaus anhand der Übersicht 14 auf Seite 45 des Rentenversicherungsberichts 2017 relativ leicht durchführbar. Dazu muss der aktuelle Rentenwert von beispielsweise 31,03 Euro im Jahr 2017 mit 45 Jahren multipliziert werden, was zunächst die monatliche Brutto-Standardrente von 1.396,35 Euro ergibt. Das monatliche Brutto-Durchschnittsentgelt von 3.092 Euro errechnet sich, indem man das vorläufige Jahresbruttoentgelt von 37.103 Euro in 2017 durch 12 Monate dividiert und so auf 3.091,92 Euro kommt.

Die monatliche Brutto-Standardrente von 1.396,35 Euro macht dann 45,16 Prozent des monatlichen Brutto-Durchschnittsentgelts von 3.091,92 Euro aus. Nach dieser Berechnungsmethode wurden auch alle Bruttorentenniveaus von 2018 bis 2031 bei der mittleren Variante ermittelt (siehe Spalte 2 in Tabelle 2). In der Regel wird man die errechneten Werte auf volle Euro auf- bzw. abrunden (zum Beispiel 1.396 Euro für die Brutto-Standardrente und 3.092 Euro für das Brutto-Durchschnittsentgelt) und kommt dann auf ein Bruttorentenniveau von 45,15 Prozent.

Der Trend beim Bruttorentenniveau ist klar: In den sieben Jahren von 2017 bis 2023 liegt es zwischen 45,10 und 45,62 Prozent, also immer noch über 45 Prozent, und bleibt somit weitgehend stabil. Erst ab 2024 fällt das Bruttorentenniveau rasch auf rund 43 Prozent in 2027 und nur noch 41 Prozent in 2031.

---

[4] http://www.deutsche-rentenversicherung.de/cae/servlet/contentblob/238692/publicationFile/61815/01_rv_in_zahlen_2013.pdf

Tabelle 2: Entwicklung des Rentenniveaus bei der mittleren Variante

Jahre	Bruttorentenniveau*	Sicherungsniveau**
2017	45,16 %	48,2 %
2018	45,61 %	48,2 %
2019	45,54 %	48,3 %
2020	45,61 %	48,3 %
2021	45,46 %	48,2 %
2022	45,26 %	48,2 %
2023	45,10 %	48,0 %
2024	44,81 %	48,0 %
2025	43,80 %	47,4 %
2026	43,32 %	46,7 %
2027	42,97 %	46,4 %
2028	42,46 %	46,0 %
2029	41,94 %	45,5 %
2030	41,48 %	45,0 %
2031	41,01 %	44,6 %

*) Bruttorentenniveau = Brutto-Standardrente in Prozent des Brutto-Durchschnittsentgelts

**) Sicherungsniveau vor Steuern = verfügbare Standardrente in Prozent des verfügbaren Durchschnittsentgelts nach Sozialabgaben, aber vor Steuern

Bei Abrundung des aktuellen Bruttorentenniveaus auf 45 Prozent ergibt sich eine leicht anwendbare Faustformel für die überschlägige Berechnung der eigenen Rentenansprüche in den Jahren 2017 bis 2023. Man setze für jedes Beitragsjahr 1 Prozent des aktuellen Verdienstes an. Sofern man bis heute auf 40 Pflichtbeitragsjahre kommt, errechnet sich daraus eine persönliche Bruttorentenquote von 40 Prozent. Beispiel: Bei einem monatlichen Bruttogehalt von 4.000 Euro und 40 erreichten Pflichtbeitragsjahren kann man grob mit Rentenansprüchen in Höhe von 40 Prozent des Bruttogehalts rechnen, also mit einer gesetzlichen Rente von monatlich 1.600 Euro brutto.

Tabelle 3: Eckpunkte für 2017 bis 2031 bei der mittleren Variante

Jahre	durchschnittliches Bruttoentgelt p.a.	aktueller Rentenwert	monatliche Eckrente	Bruttorenten-niveau in %	Beitragssatz in %	Sicherungs-niveau vor Steuern
2017	37.103 €	31,03 €	1.396,35 €	45,16%	18,70%	48,2%
2018	37.873 €	31,99 €	1.439,55 €	45,61%	18,60%	48,2%
2019	39.059 €	32,94 €	1.482,30 €	45,54%	18,60%	48,3%
2020	40.074 €	33,85 €	1.523,25 €	45,61%	18,60%	48,3%
2021	41.353 €	34,81 €	1.566,45 €	45,46%	18,60%	48,2%
2022	42.633 €	35,73 €	1.607,85 €	45,26%	18,60%	48,2%
2023	43.870 €	36,64 €	1.648,80 €	45,10%	18,70%	48,0%
2024	45.142 €	37,46 €	1.685,70 €	44,81%	19,80%	48,0%
2025	46.601 €	37,80 €	1.701,00 €	43,80%	20,00%	47,4%
2026	47.999 €	38,56 €	1.735,20 €	43,38%	20,30%	46,7%
2027	49.449 €	39,30 €	1.768,50 €	42,92%	20,60%	46,4%
2028	50.928 €	40,04 €	1.801,80 €	42,46%	21,00%	46,0%
2029	52.461 €	40,74 €	1.833,30 €	41,94%	21,30%	45,5%
2030	54.039 €	41,51 €	1.867,95 €	41,48%	21,60%	45,0%
2031	55.697 €	42,30 €	1.903,50 €	41,01%	21,80%	44,6%

Jahresbruttoentgelt = jährl. Durchschnittsentgelt aller versicherungspfl. Arbeitnehmer (ohne Beamte)
akt. Rentenwert = monatliche Rente für ein Durchschnittsentgelt pro Versicherungsjahr
Jahresbruttorente = akt. Rentenwert x 12 Monate x 45 Jahre
(sog. Eck-, Standard- oder Durchschnittsrente pro Jahr)
Bruttorentenniveau in % = Jahresbruttorente in % des Jahresbruttoentgelts

Abbildung 2: Beitragssätze und Rentenniveaus bei der mittleren Variante

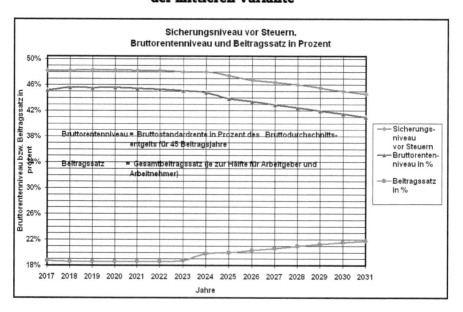

Diese Faustformel liefert allerdings auf dem Paper zu hohe Rentenansprüche für Höher- und Spitzenverdiener, deren Bruttogehalt jahrelang über der Beitragsbemessungsgrenze in der gesetzlichen Rentenversicherung gelegen hat.

1.3. Stabiles Beitrag-Rente-Verhältnis

Die Qualität von Waren wird häufig anhand des Preis-Leistungsverhältnisses beurteilt. Ähnliches gilt für das Preis-Miet-Verhältnis bei der Kapitalanlage in vermietete Wohnimmobilien. Wenn der Kaufpreis beispielsweise das 25-Fache der Jahresnettokaltmiete ausmacht, liegt die Mietrendite bei 4 Prozent. Beim 20-Fachen sind es noch 5 Prozent, aber bei der 30-fachen Jahresnettokaltmiete nur 3,3 Prozent. Je höher (niedriger) der Vervielfältiger, desto niedriger (höher) fällt die Mietrendite aus.

Eine ähnliche Berechnungsmethode lässt sich auch beim Verhältnis von gesetzlicher Rente und gezahltem Rentenbeitrag durchführen. Das **Beitrag-Rente-Verhältnis** gibt die Rente (jährliche Rentenanwartschaft) als Vielfaches des Beitrags (jährlicher Rentenbeitrag) an. Im Umkehrschluss lässt sich daraus der **jährliche Rentensatz** in Prozent des gezahlten Rentenbeitrags ermitteln.

Für das Jahr 2017 mit Durchschnittsverdienst im Westen erhält man einen Entgelt- bzw. Rentenpunkt, der zu einer Rentenanwartschaft von 31,03 Euro monatlich bzw. 372,36 Euro jährlich führt. Der jährliche Durchschnittsbeitrag macht 18,7 Prozent des Durchschnittsentgelts von 37.103 Euro aus, also 6.938,21 Euro. Somit liegt der Beitrag beim 18,63-Fachen der Rente. Der im Beitragsjahr 2017 erzielbare jährliche Rentensatz ist somit 5,37 Prozent (siehe Tabelle 4, zweite Zeile und letzte Spalte).

Der jährliche Rentensatz verharrt von 2017 bis 2023 in einer sehr engen Spanne zwischen 5,36 und 5,45 Prozent, was auf die Stabilität bei Beitragssatz und Rentenniveau zurückzuführen ist. Diese sieben Jahre können als **gute Rentenjahre** gelten, da solche Rentensätze auch in den

Jahren 2006 bis 2016 nicht überschritten wurden. Der niedrigste Satz lag bei 5,16 Prozent in 2011. Im Jahr 1997, also vor 20 Jahren, lag der jährliche Rentensatz ebenfalls nur bei 5,38 Prozent. Das Bruttorentenniveau war zwar damals höher bei über 49 Prozent im Vergleich zu gut 45 Prozent in 2017, aber auch der Beitragssatz stieg auf damals 20,3 Prozent.

Ab dem Jahr 2024 verschlechtert sich das Beitrag-Rente-Verhältnis jedoch rapide, da steigende Beitragssätze und ein stetig sinkendes Rentenniveau aufeinander treffen. Der jährliche Rentensatz fällt auf rund 5 Prozent in 2024, rund 4,5 Prozent in 2028 und nur noch knapp 4,2 Prozent im Jahr 2031. Es handelt sich aus dieser Sicht um **schlechte Rentenjahre**, sofern die Beitragssätze wie geplant auf 21,8 Prozent in 2031 steigen und das Bruttorentenniveau bis auf 41 Prozent sinkt.

Sollte dieser negative Trend von steigenden Beitragssätzen und sinkendem Rentenniveau auch über das Jahr 2031 hinaus anhalten, wird die gesetzliche Rentenversicherung für die geburtenschwachen Jahrgänge ab 1970, die frühestens ab 2033 mit 63 Jahren und dann hohen Rentenabschlägen in Rente gehen, immer unattraktiver. Über die Zeit ab 2032 schweigt sich der Rentenversicherungsbericht 2017 der Bundesregierung jedoch aus, da er laut gesetzlicher Vorgabe nur einen 15-Jahres-Zeitraum erfasst.

Tabelle 4: Rente- Beitrag-Verhältnis bei der mittleren Variante

Jahre	durchschnittliches Bruttoentgelt p.a.	aktueller Rentenwert	Bruttorenten- niveau	Beitragssatz in %	Beitrag p.a.	Rente p.a.	Verhältnis Rente-Beitrag
2017	37.103 €	31,03 €	45,16%	18,70%	6.938 €	372 €	5,37%
2018	37.873 €	31,99 €	45,61%	18,60%	7.044 €	384 €	5,45%
2019	39.059 €	32,94 €	45,54%	18,60%	7.265 €	395 €	5,44%
2020	40.074 €	33,85 €	45,61%	18,60%	7.454 €	406 €	5,45%
2021	41.353 €	34,81 €	45,46%	18,60%	7.692 €	418 €	5,43%
2022	42.633 €	35,73 €	45,26%	18,60%	7.930 €	429 €	5,41%
2023	43.870 €	36,64 €	45,10%	18,70%	8.204 €	440 €	5,36%
2024	45.142 €	37,46 €	44,81%	19,80%	8.938 €	450 €	5,03%
2025	46.601 €	37,80 €	43,80%	20,00%	9.320 €	454 €	4,87%
2026	47.999 €	38,56 €	43,38%	20,30%	9.744 €	463 €	4,75%
2027	49.449 €	39,30 €	42,92%	20,60%	10.186 €	472 €	4,63%
2028	50.928 €	40,04 €	42,46%	21,00%	10.695 €	480 €	4,49%
2029	52.461 €	40,74 €	41,94%	21,30%	11.174 €	489 €	4,38%
2030	54.039 €	41,51 €	41,48%	21,60%	11.672 €	498 €	4,27%
2031	55.697 €	42,30 €	41,01%	21,80%	12.142 €	508 €	4,18%

Jahresbruttoentgelt = jährl.Durchschnittsentgelt aller versicherungspfl. Arbeitnehmer (ohne Beamte)
akt. Rentenwert = monatliche Rente für ein Durchschnittsentgelt pro Versicherungsjahr
Jahresbruttorente = akt. Rentenwert x 12 Monate x 45 Jahre
(sog. Eck-, Standard- oder Durchschnittsrente pro Jahr)
Bruttorentenniveau in % = Jahresbruttorente in % des Jahresbruttoentgelts

Abbildung 3: Rente- Beitrag-Verhältnis bei der mittleren Variante

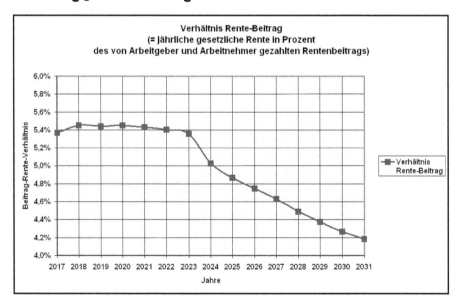

1.4. Ost-West-Rentenangleichung

Das im Jahr 2017 beschlossene Rentenüberleitungsgesetz sieht eine stufenweise Angleichung der aktuellen Rentenwerte Ost bis zum 1.7.2024 sowie den stufenweisen Abbau der Höherwertung von Ost-Entgelten vor. Die Angleichung der Ost-Renten beginnt am 1.7.2018 und endet am 1.7.2024. Die anderen Rechengrößen wie das Durchschnittsentgelt Ost werden in sieben Schritten vom 1.1.2018 bis 1.1.2025 auf das West-Niveau angeglichen.

In den Jahren 2017 und 2018 liegt der aktuelle Rentenwert Ost noch um 14 Prozent unter dem aktuellen Rentenwert West und das letztmalig für 2018 ermittelte vorläufige Durchschnittsentgelt Ost um rund 11 Prozent unter dem Durchschnittsentgelt West.

Angleichung von aktuellen Rentenwerten und Durchschnittsentgelten

Ab 2019 erfolgt die Angleichung des aktuellen Rentenwerts Ost in laut Rentenüberleitungsgesetz festgelegten Schritten wie in Übersicht C 1 auf Seite 62 des Rentenversicherungsberichts 2017 dargestellt (siehe Tabelle 5, Spalten 2 und 3). Ab dem 1.7.2024 gibt es nur noch einen einheitlichen aktuellen Rentenwert für Ost und West.

Die Angleichung der Durchschnittsentgelte von 2019 bis 2025 laut Rentenüberleitungsgesetz wird in den Spalten 4 und 5 der Tabelle 5 dargestellt.

Vorteile für Ost-Rentner und rentennahe Ost-Versicherte

Von der Rentenangleichung profitieren insbesondere Ost-Rentner und rentennahe Ost-Versicherte ab 60 Jahren, die in den nächsten Jahren in Rente gehen. Beispiel: Wer in 1958 geboren ist und am 1.7.2024 mit Erreichen der Regelaltersgrenze von 66 Jahren in Rente geht, erhält eine gesetzliche Rente nach dem dann für Ost und West einheitlichen aktuellen Rentenwert.

Für die Berechnung von Rentenanwartschaften aus freiwilligen Beiträgen von Nicht-Pflichtversicherten oder Nachzahlungsbeträgen von unter 45-jährigen Ost-Versicherten für Ausbildungszeiten, die nicht als Anrechnungszeiten berücksichtigt werden, gibt es schon heute keinen Unterschied zwischen Ost und West.

Anders sieht dies bei Ausgleichbeträgen zum Rückkauf von Rentenabschlägen ab 50 Jahren aus. Da diese Ausgleichsbeträge rechtlich nicht als freiwillige Beiträge gelten, erfolgt die Berechnung noch anhand der niedrigeren Durchschnittsentgelte Ost. Für einen gleich hohen Rentenanspruch zahlen rentennahe Ost-Versicherte ab 50 Jahren somit einen geringeren Ausgleichsbetrag.

Ganz besonders lohnt sich die Zahlung des Ausgleichsbetrags Ost in den Jahren 2017 und 2018, da in diesen beiden Jahren das Durchschnittsentgelt Ost noch rund 11 Prozent unter dem Durchschnittsentgelt West liegt. Daher können gleich hohe Rentenansprüche wie im Westen ab 1.7.2024 mit niedrigeren Ausgleichsbeträgen und damit kostengünstiger erworben werden. In den Jahren 2019 bis 2023 sinkt dieser Kostenvorteil. Daher ist es sinnvoll, die Zahlung von Ausgleichsbeträgen in Raten möglichst auf die Jahre 2017 und 2018 zu konzentrieren.

Tabelle 5: Vorschau auf aktuelle Rentenwerte und Durchschnittsentgelte Ost von 2017 bis 2024

Jahr	aRw* Ost	% zu aRw West	DE* Ost	% zu DE West	Rentenvorteil
2017	29,69 €	95,68 %	33.148 €	89,34 %	6,34 %
2018	30,65 €	95,81 %	33.671 €	88,91 %	6,90 %
2019	31,79 €	96,51 %	36.551 €	93,46 %	3,05 %
2020	32,90 €	97,19 %	38.110 €	94,70 %	2,49 %
2021	34,08 €	97,90 %	39.742 €	95,97 %	1,93 %
2022	35,23 €	98,60 %	41.491 €	97,28 %	1,32 %
2023	36,38 €	99,29 %	43.326 €	98,62 %	0,67 %
2024	37,46 €	100 %	45.251 €	100 %	0 %

*) aRw = aktueller Rentenwert

**) DE = Durchschnittsentgelt im Jahr

Abbildung 4: Ost-West-Angleichung bei aktuellen Rentenwerten von 2017 bis 2024

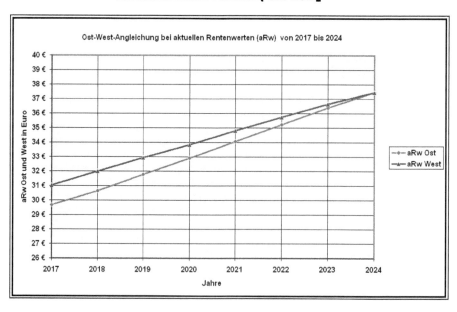

2. EXTRABEITRÄGE ZUR GESETZLICHEN RENTE IM ÜBERBLICK

2.1. Merkmale von Extra-Beiträgen zur gesetzlichen Rente

Extra- oder Zusatzbeiträge zur gesetzlichen Rente unterscheiden sich von Pflichtbeiträgen aus mehreren Gründen ganz erheblich. Zunächst einmal werden sie, wie schon der Name sagt, freiwillig aus eigenen Mitteln geleistet.

Die Extrabeiträge zahlt der Versicherte in der Regel allein, da sich der Arbeitgeber nur in Ausnahmefällen wie anlässlich einer Abfindungsvereinbarung finanziell daran beteiligt. Daher muss er auch mit dem vollen Beitragssatz in Höhe von 18,6 Prozent im Jahr 2018 rechnen.

Um Rentenansprüche zu errechnen, werden die gezahlten Extrabeiträge eines Jahres mit dem jährlichen Durchschnittsbeitrag von beispielsweise 7.044,38 Euro im Westen (= 18,7 Prozent des vorläufigen Jahresdurchschnittsentgelts von 37.873 Euro im Jahr 2018) verglichen.

Läge ein in 2018 gezahlter freiwillige Beitrag beispielsweise bei 10.000 Euro, errechnen sich daraus 1,4196 Renten- bzw. Entgeltpunkte (= 10.000 : 7.044,38). Bei einem aktuellen Rentenwert West von 31,03 Euro bis zum 30.6.2017 ergibt das einen monatlichen Rentenanspruch von 44,05 Euro (= 1,4196 Entgeltpunkte x 31,03 Euro aktueller Rentenwert West).

Die Umrechnung eines freiwilligen Beitrags in Entgeltpunkte kann man sich auch anders erklären. Der Jahresbeitrag von beispielsweise 10.000 Euro wird nach Division durch den Beitragssatz von 18,6 Prozent zunächst auf ein fiktives Jahresentgelt von 53.763,44 Euro hochgerechnet. Anschließend wird dieses fiktive Entgelt durch das Durchschnittsentgelt von 37.873 Euro West dividiert. Nach dieser „doppelten Division" errechnen sich dann ebenfalls 1,4196 Entgeltpunkte. Das Ganze ist also weder Manipulation noch Rechen-Hexerei, sondern ergibt sich völlig logisch aus dem beitrags- und leistungsorientierte System der gesetzlichen Rentenversicherung.

2.2. Drei Arten von Extra-Beiträgen zur gesetzlichen Rente

Die drei Arten von Extrabeiträgen zur gesetzlichen Rente sollen nun kurz vorgestellt werden. Alle näheren Details finden Sie in den nachfolgenden Kapiteln 3 bis 5.

2.2.1. Freiwillige Beiträge für Nicht-Pflichtversicherte

Nach der ab 11.8.2010 geltenden Neuregelung können alle nicht rentenversicherungspflichtige Personen freiwillige Beiträge zur gesetzlichen Rente leisten, also auch Beamte. Der Originaltext im Gesetz[5] lautet kurz und knapp: *„Personen, die nicht versicherungspflichtig sind, können sich für Zeiten von der Vollendung des 16. Lebensjahres an freiwillig versichern"*

Zu diesen **Nicht-Pflichtversicherten** zählen außer Beamten auch Freiberufler, nicht versicherungspflichtige Selbstständige, Hausfrauen und –männer sowie Minijobber, die sich gegen die Versicherungspflicht entschieden haben.

---

[5] https://www.gesetze-im-internet.de/sgb_6/__7.html

Den 31,7 Millionen Pflichtversicherten Ende 2015 standen laut Rentenversicherungsbericht 2017 der Bundesregierung nur rund 241.000 freiwillig Versicherte gegenüber, dies sind weniger als 1 Prozent der Pflichtversicherten.

196.000 und damit 81 Prozent der freiwillig Versicherten zahlten im Jahr 2015 nur den Mindestbeitrag von damals 84,15 Euro im Monat. Zu dieser Gruppe gehörten insbesondere Versicherte, die mit Mindestbeiträgen die Wartezeit für bestimmte Altersrenten (zum Beispiel fünf Jahre für die Regelaltersrente oder 35 Jahre für die abschlagspflichtige Rente mit 63 Jahren) erreichen wollen. Nur rund 5.000 und somit nur 2 Prozent zahlten den Höchstbeitrag von monatlich 1.131,35 Euro in 2025. Die übrigen 40.000 freiwillig Versicherten entschieden sich für einen freiwilligen Beitrag zwischen Mindest- und Höchstbeitrag. Der durchschnittliche monatliche freiwillige Beitrag lag im Jahr 2015 bei 127 Euro.

Offensichtlich nutzen vor allem vorübergehend **nicht erwerbstätige Hausfrauen und Hausmänner** die Möglichkeit, freiwillige Beiträge zur gesetzlichen Rente zu entrichten und damit Lücken im Versicherungsverlauf zu schließen. Zeiten mit freiwilligen Beiträgen außerhalb von Pflichtbeitragszeiten können mit dazu beitragen, dass die besonderen Wartezeiten von 35 bzw. 45 Jahren für die abschlagspflichtige bzw. abschlagsfreie Rente erfüllt werden können. Für die neue abschlagsfreie Rente ab 63 Jahren nach 45 Versicherungsjahren ist es zur Anrechnung aber erforderlich, dass auch mindestens 18 Pflichtbeitragsjahre vorliegen.

Die 4,7 Mio. Minijobber, die auf die Versicherungspflicht verzichtet haben und daher ihren Minijob-Lohn von höchstens 450 Euro brutto für netto ausgezahlt erhalten, könnten sich ebenfalls freiwillig versichern, sofern es sich nicht um einen Minijob neben einem sozialversicherungspflichtigen Hauptjob handelt. Dies werden **versicherungsfreie Minijobber** jedoch aus finanziellen Gründen meist nicht in Erwägung ziehen. Gleiches gilt selbstverständlich auch für **Langzeitarbeitslose**, die lediglich Arbeitslosengeld II (Hartz IV) beziehen und daher nicht mehr pflichtversichert sind.

Die geringe und bis 2015 sogar sinkende Anzahl von freiwillig Versicherten überrascht. Immerhin liegt das Potenzial der Nicht-Pflichtversicherten, die sich freiwillig versichern könnten, bei rund 8 Millionen. Darunter sind außer den 1,9 Mio. Beamten und rund 1 Mio. Freiberuflern mit berufsständischer Versorgung (z.B. Ärzte, Apotheker, Architekten, Rechtsanwälte, Steuerberater) auch 4,7 Mio. Selbstständige (meist Gewerbetreibende), die keine Pflichtbeiträge in die gesetzliche Rentenversicherung einzahlen. Nur 294.000 Selbstständige waren in 2015 pflichtversichert. Unter den 4,7 Mio. nicht pflichtversicherten Selbstständigen sind allein 2,7 Mio. Solo-Selbstständige, die keine Arbeitnehmer beschäftigt haben.

Oft nehmen versicherungsfreie Beamte und von der Versicherungspflicht befreite Freiberufler irrtümlich an, dass sie sich in der gesetzlichen Rentenversicherung gar nicht freiwillig versichern dürften. Bis zum 10.8.2010 galt dies für alle Beamten und Freiberufler, die mit Pflichtbeiträgen noch nicht die allgemeine Wartezeit von fünf Jahren erfüllt hatten, auch tatsächlich. Der bis zum 10.8.2010 geltende Paragraf lautete: *„Personen, die versicherungsfrei oder von der Versicherungspflicht befreit sind, können sich nur dann freiwillig versichern, wenn sie die allgemeine Wartezeit erfüllt haben. Dies gilt nicht für Personen, die wegen Geringfügigkeit einer Beschäftigung oder selbständigen Tätigkeit versicherungsfrei sind"*.

Diese alte Fassung benachteiligte insbesondere Beamte und Freiberufler, die beispielsweise nur drei oder vier Jahre als Arbeitnehmer tätig waren. Sie durften keine freiwilligen Beiträge zahlen und bekamen mangels Rentenanspruch nur ihre selbst gezahlten Arbeitnehmer-Pflichtbeiträge zurückerstattet.

Der Gesetzgeber hat diese Benachteiligung durch ersatzlosen Wegfall dieses Paragrafen beseitigt. Es handelt sich also keinesfalls um eine Privilegierung von nicht pflichtversicherten Beamten oder Freiberuflern, wenn sich diese ab dem 11.8.2010 auch bei weniger als fünf Pflichtbeitragsjahren freiwillig versichern können. Davon, dass Beamte und Freiberufler über die freiwillige Versicherung „die Rentenkasse plündern" und der Gesetzgeber dies verhindern müsse, kann keine Rede sein.

Auch der Vorwurf, dass privat krankenversicherte Beamte und Freiberufler noch einen Zuschuss zur privaten Krankenversicherung in Höhe von 7,3 Prozent ihrer späteren Bruttorente erhalten, geht fehl. Auch ehemals pflichtversicherte Arbeitnehmer erhalten als Rentner diesen Zuschuss zu ihrer gesetzlichen Krankenversicherung. Allerdings wird er von der Deutschen Rentenversicherung direkt einbehalten vom Gesamtbeitrag zur gesetzlichen Krankenversicherung.

Fakt ist: Ab dem 11.8.2010 kann sich nach Wegfall des früheren Paragrafen jeder in der gesetzlichen Rentenversicherung freiwillig versichern, sofern er nicht pflichtversichert ist.

Freiwillige Beiträge leisten Beamte – wenn überhaupt – meist für eine Riester-Rente. Freiberufler und Selbstständige bevorzugen die Rürup-Rente, da ihnen der direkte Weg zur Riester-Rente verschlossen bleibt. Jeder – ob Arbeitnehmer, Beamter, Freiberufler oder selbstständiger Unternehmer - kann sich darüber hinaus für eine Privatrente aus der privaten Rentenversicherung entscheiden.

Die gesetzliche Rente aus freiwilligen Beiträgen fristet hingegen zurzeit noch ein stiefmütterliches Dasein. Hartnäckig hält sich das Gerücht, dass die kapitalgedeckte Privatrente (Riester-Rente, Rürup-Rente oder Rente aus der privaten Rentenversicherung) der umlagefinanzierten gesetzlichen Rente überlegen sei. Angesichts der anhaltenden Niedrigzinsphase gilt aber für privat krankenversicherte, mindestens 50-jährige Beamte und Freiberufler uneingeschränkt die Regel „Gesetzliche Rente schlägt Rürup-Rente".

Dazu zwei Beispiele:

Wer als Beamter oder Freiberufler heute 55 Jahre alt ist und freiwillige Beiträge von jährlich 3.000 Euro über insgesamt 12 Jahre einzahlt, kommt auf eine Beitragssumme von 36.000 Euro. Die garantierte gesetzliche Rente liegt bei monatlich 158 Euro inkl. 7,3 Prozent Zuschuss zur privaten Krankenversicherung und die mögliche gesetzliche Rente bei 184 Euro. Die garantierte bzw. mögliche Rürup-Rente (inkl. Hinterbliebenenabsicherung) bei dem kostengünstigsten Direktversicherer beträgt hingegen nur 131 bzw. 154 Euro. Die gesetzliche Rente inkl. 7,3 Prozent Zuschuss liegt somit rund 20 Prozent über der Rürup-Rente.

Heute 60-jährige Beamte oder Freiberufler, die noch 6 Jahresbeiträge à 6.000 Euro einzahlen und damit ebenfalls eine Beitragssumme von 36.000 € erreichen, können mit einer garantierten bzw. möglichen gesetzlichen Rente von 168 bzw. 181 Euro rechnen. Im Vergleich dazu liegt die Rürup-Rente bei nur 126 bzw. 135 Euro. In diesem Fall liegt die gesetzliche Rente sogar um ein Drittel über der Rürup-Rente.

Wer sich in der gesetzlichen Rentenversicherung freiwillig versichern will, sollte mit dem Formular V 060 einen **Antrag auf Beitragszahlung für eine freiwillige Versicherung** stellen. Erläuterungen zum Ausfüllen dieses Formulars gibt es unter V 061.

Freiwillig Versicherte können die Höhe des freiwilligen Beitrags zwischen monatlich 84,15 bzw. 83,70 Euro (Mindestbeitrag in 2017 bzw. 2018) und 1.187,45 bzw. 1.209,80 Euro (Höchstbeitrag West in 2017 bzw. 2018) frei wählen. Bis zum 3.4.2018 können sie den Beitrag für das Jahr 2017 auch noch rückwirkend zahlen.[6]

Für die rückwirkende Zahlung wird der freiwillige Beitrag zwar aufgrund des Beitragssatzes von 18,6 Prozent und des in 2018 höheren Durchschnittsentgeltes in Entgeltpunkte umgerechnet. Steuerlich wirkt sich diese für das Vorjahr 2017 geltende Zahlung wegen des Abflussprinzips im Steuerrecht jedoch erst für das Jahr 2018 aus.

Meist lassen freiwillig Versicherte die Beiträge monatlich abbuchen. Es ist jedoch jederzeit möglich und oft auch sinnvoll, den Jahresbeitrag auf einen Schlag im Dezember eines Jahres zu zahlen oder spätestens bis zum 31. März des Folgejahres (Ausnahme: 3. April 2018 wegen Ostern) mit Wirkung für das vergangene Jahr.

Ab 1.1.2017 können auch nicht pflichtversicherte Frührentner freiwillige Beiträge zur gesetzlichen Rente bis zum Erreichen der Regelalters-

---

[6] https://www.gesetze-im-internet.de/sgb_6/__197.html

grenze zahlen. Dies ermöglicht das neue Flexirentengesetz. Wer beispielsweise in 1955 geboren ist und im Jahr 2018 mit 63 Jahren vorzeitig in Rente gegangen ist, erreicht seine Regelaltersgrenze erst mit 65 Jahren und 9 Monaten. Er kann also für insgesamt 32 Monate noch freiwillige Beiträge zahlen.

Entsprechende Entgeltpunkte für die freiwilligen Beiträge werden nach Erreichen der Regelaltersgrenze gutgeschrieben. Die Rente erhöht sich dann ab dem darauf folgenden 1. Juli.

2.2.2. Ausgleichsbeträge für Angestellte ab 50 Jahren

Pflichtversicherte Arbeitnehmer können in ganz bestimmten Ausnahmefällen **Einmalzahlungen oder Teilzahlungen** in die gesetzliche Rentenversicherung leisten, um eine höhere Rente zu bekommen. Dies ist beispielsweise möglich zum Ausgleich von Rentenabschlägen bei vorzeitiger Altersrente.[7]

Dieser **Ausgleichsbetrag zur Abwendung eines Rentenabschlags** ab 50 Jahren bei langjährig Versicherten, die mit 63 nach 35 Versicherungsjahren abschlagspflichtig in Rente gehen und die abschlagsfreie Rente ab 63 wegen der für sie nicht erreichbaren 45 Versicherungsjahre (z.B. bei Akademikern) nicht nutzen können, kann eine Überlegung wert sein.

Wer beispielsweise in 1955 geboren ist und im Jahr 2018 nach Vollendung des 63. Lebensjahres und nach beispielsweise 35 Pflichtbeitragsjahren vorzeitig in Rente geht, könnte vor Rentenabschlag mit einer gesetzlichen Rente in Höhe von 2.100 Euro monatlich brutto rechnen, sofern sein Verdienst nach Studium und Berufsbeginn immer oberhalb der Beitragsbemessungsgrenze in der gesetzlichen Rentenversicherung gelegen hat und er immer im Westen pflichtversichert war.

---

[7] https://www.gesetze-im-internet.de/sgb_6/__187a.html

Der Rentenabschlag würde allerdings 9,9 Prozent von 2.100 Euro gleich 208 Euro im Monat ausmachen, so dass ihm eine gesetzliche Rente nach Abschlag von 1.892 Euro verbleibt. Diesen Rentenabschlag von 208 Euro kann er durch Zahlung eines Ausgleichsbetrages in Höhe von 53.383 Euro vermeiden. Das Geld dafür hat er möglicherweise flüssig, weil gerade eine Kapital-Lebensversicherung mit einer Ablaufleistung in etwa gleicher Höhe ausgezahlt wird.

Ob sich dieser hoher Ausgleichsbetrag und damit quasi eine gesetzliche Sofortrente von 208 Euro brutto pro Monat wirtschaftlich lohnt, ist eine andere Frage. Die garantierte Sofortrente aus einer vergleichbaren Rürup-Rentenversicherung würde mit Sicherheit deutlich niedriger ausfallen.

Die jährliche Sofortrente von rund 2.500 Euro brutto aus der gesetzlichen Rentenversicherung macht immerhin 4,7 Prozent des Ausgleichsbetrags aus. Wenn der Neurentner privat krankenversichert ist, erhält er sogar eine garantierte gesetzliche Sofortrente von rund 223 Euro pro Monat inkl. 7,3 Prozent Zuschuss zu seiner privaten Krankenversicherung. Das wären dann jährlich 2.676 Euro und bereits jährlich 5 Prozent des Ausgleichsbetrags ohne Berücksichtigung von Rentensteigerungen ab Beginn der Frührente mit 63 Jahren.

Bei einer Rentendauer von 20 Jahren für einen heute 63-jährigen Mann und Annahme einer jährlichen Rentensteigerung von 2 Prozent pro Jahr errechnet sich immerhin eine Rentensumme von rund 65.000 Euro.

Ist der Neurentner jedoch pflichtversichert in der gesetzlichen Krankenversicherung, werden ihm noch rund 11 Prozent von den 208 Euro brutto abgezogen. Die gesetzliche Sofortrente nach Beiträgen zur gesetzlichen Kranken- und Pflegeversicherung würde dann auf 185 Euro monatlich fallen. Die jährliche Sofortrente läge bei 2.220 Euro und damit nur noch bei 4,2 Prozent des Ausgleichsbetrags.

Die Kompensation dieses Rentenabschlags kommt einer Zusatzrente bzw. einem Rentenplus in der gesetzlichen Rentenversicherung gleich. Nur jeder 200. Frührentner hat in den Jahren 2013 bis 2015 allerdings die

Möglichkeit genutzt, den Rentenabschlag durch Zahlung eines Ausgleichsbetrages zu kompensieren. Im Jahr 2013 waren es nur 880 von rund 238.000 und in 2014 sogar nur 820 von rund 197.000 Berechtigten. Der durchschnittliche Rentenabschlag lag bei monatlich 76 Euro für 23,5 Abschlagsmonate im Durchschnitt, also bei knapp 7,2 Prozent der gesetzlichen Rente. Aus diesen offiziellen Angaben der Deutschen Rentenversicherung lässt sich ein durchschnittlicher Ausgleichsbetrag in Höhe von rund 18.500 Euro ermitteln.

Dass so wenige das Abkaufen von Rentenabschlägen nutzen, hat verschiedene Gründe. Vielen ist diese Möglichkeit gar nicht bekannt oder sie wissen nicht, dass die Zahlung von Ausgleichsbeträgen in 2018 mit 86 Prozent steuerlich abzugsfähig ist im Rahmen des steuerlichen Höchstbetrags für Altersvorsorgeaufwendungen und somit zu erheblichen Steuerersparnissen führt.

Andere fürchten den bürokratischen Aufwand, da sie erst einen Antrag auf besondere Rentenauskunft im amtlichen vierseitigen **Formular V 0210** mit der umständlichen Bezeichnung *„Antrag auf Auskunft über die Höhe der Beitragszahlung zum Ausgleich einer Rentenminderung bei vorzeitiger Inanspruchnahme einer Rente wegen Alters"* stellen müssen. Die Deutsche Rentenversicherung rechnet dann den Ausgleichsbetrag aus. Nach Erhalt dieser Berechnung kann der Antragsteller dann entscheiden, ob er den Ausgleichsbetrag innerhalb von drei Monaten zahlt oder nicht. Vorteil: Erst mit Zahlung des Ausgleichsbetrages wird die endgültige Entscheidung getroffen. Selbstverständlich ist das sehr bürokratisch anmutende Verfahren gebührenfrei.

Der Hauptgrund für die geringe Resonanz dürfte aber in der Höhe des fast immer fünfstelligen Ausgleichsbetrages liegen, den die meisten Berechtigten finanziell nicht aufbringen können. Dabei wird leicht übersehen, dass der Ausgleichsbetrag auch in **Teilzahlungen** geleistet werden kann. Dies ist im Übrigen auch steuerlich günstiger, weil man die steuerlich abzugsfähigen Teilbeträge auf mehrere Jahre verteilen und somit die hohe Steuerprogression bei **Einmalzahlung** abmildern kann. Kaum bekannt ist auch die Möglichkeit, den Ausgleichsbetrag auch noch nach Bezug einer vorgezogenen Altersrente und kurz vor Erreichen der Regelaltersgrenze zu zahlen.

Unbekannt ist den meisten Berechtigten auch, dass sie den Antrag auf Zahlung eines Ausgleichsbetrages bei Nachweis eines berechtigten Interesses bereits vor dem vollendeten 50. Lebensjahr stellen können. Wichtig: Auch wenn der Versicherte den Ausgleichsbetrag in einer Summe oder in Raten zahlt, muss er keineswegs auch mit 63 in Rente gehen.

Er könnte also beispielsweise bis zur Regelaltersgrenze von 66 Jahren beim Jahrgang 1958 weiterarbeiten und dann das echte Rentenplus „on top" genießen. Hinzu kommen die erwarteten Rentensteigerungen in den Jahren 2017 bis 2023 vor Erreichen der Regelaltersrente in 2024 sowie die weiteren Rentensteigerungen in der Rentenphase.

Zusätzliche Berechnungen unter Berücksichtigung der Krankenversicherung (gesetzlich oder privat) und der Steuern (steuerlich abzugsfähiger Ausgleichsbetrag von 84 bis 90 Prozent in 2017 bis 2020 und steuerpflichtige gesetzliche Extrarente in Höhe von 76 Prozent bei Rente mit 63 im Jahr 2018 bzw. 84 Prozent bei Regelaltersrente mit 66 Jahren in 2024) sind erforderlich, um die Vorteilhaftigkeit dieser speziellen Zusatzrente aus der gesetzlichen Rentenversicherung zu belegen.

Sofern sich der Arbeitgeber finanziell an der Zahlung des Ausgleichsbetrags beteiligt, kann er bis zur Hälfte des Ausgleichsbetrags in vollem Umfang steuer- und beitragsfrei leisten. Vorteil für Arbeitnehmer, wenn der Arbeitgeber die Hälfte des Ausgleichsbetrags direkt an die Deutsche Rentenversicherung zahlt: Er selbst leistet nur die andere Hälfte und kann diese dann zum größeren Teil steuerlich absetzen, in 2018 beispielsweise zu 86 Prozent.

So ungewöhnlich wie diese finanzielle Beteiligung des Arbeitgebers klingen mag, ist sie gar nicht. Oft ist der Arbeitgeber an einer Frühverrentung interessiert, um Personal und damit Kosten einzusparen. Im Rahmen einer Abfindungsregelung kann sich der Arbeitgeber sogar zur vollen Zahlung des Ausgleichsbetrags bereit erklären. Diese beitragsfreie Zahlung zu 100 Prozent setzt voraus, dass der Abfindungsbetrag wegen

Beendigung der Beschäftigung zweckgebunden für die Zahlung des Ausgleichsbetrags verwandt wird.

Außerdem gibt es noch die Möglichkeit, **Abfindungen aus einer betrieblichen Altersversorgung** innerhalb eines Jahres nach Zahlung der Abfindung für einen Einmalbeitrag in die gesetzliche Rentenversicherung zu verwenden Auch in diesem Fall handelt es sich um einen Ausgleichsbetrag. Nach bindender Bewilligung einer Vollrente wegen Alters ist die Zahlung dieses Ausgleichsbetrags aber nicht mehr zulässig. Es muss sich zudem immer um eine Abfindung für eine unverfallbare Anwartschaft auf betriebliche Altersversorgung handeln.

Darüber hinaus darf es nur eine Abfindung für eine unverfallbare Anwartschaft auf betriebliche Altersversorgung sein. Sollte diese vorliegen, können Beiträge zur gesetzlichen Rente innerhalb eines Jahres nach Zahlung der Abfindung bis zur Höhe der geleisteten Abfindung geleistet werden.

Vergleichbare Überlegungen gibt es auch für den **Ausgleichsbetrag zur Abwendung einer Rentenkürzung aus dem Versorgungsausgleich**. Diesen Ausgleichsbetrag bekommt der ausgleichspflichtige Ehegatte wieder erstattet, sofern der geschiedene Ex-Ehegatte seine Rente noch nicht mindestens drei Jahre bezogen hat.

2.2.3. Nachzahlungsbeträge für besondere Angestelltengruppen

Für Pflichtversicherte und freiwillig Versicherte gibt es bis zur Vollendung des 45. Lebensjahres noch die Möglichkeit, einen **Nachzahlungsbetrag für Ausbildungszeiten** (Schul- und Hochschulausbildung) nach dem vollendeten 16. Lebensjahr zu zahlen, die in der gesetzlichen Rentenversicherung nicht als Anrechnungszeiten berücksichtigt werden.[8]

Hierzu reichen freiwillige Mindestbeiträge aus, um damit Lücken im Versicherungsverlauf zu schließen und später zum Beispiel eine Wartezeit von 35 Jahren für die abschlagspflichtige Frührente mit 63 Jahren zu erreichen.

Zeiten des Schulbesuchs und Zeiten des Besuchs einer Fach- oder Hochschule nach Vollendung des 17. Lebensjahres bis zu höchstens acht Jahren gelten als **Anrechnungszeiten.**[9]

Sie werden als sog. beitragslose Zeiten zwar auf die 35-jährige Wartezeit für eine abschlagspflichtige Altersrente mit 63 Jahren von langjährig Versicherten angerechnet, führen aber nicht zu Rentenansprüchen. Wer also über das 25. Lebensjahr hinaus studiert, kann außer für die Zeit vom 16. bis zum 17. Lebensjahr zusätzlich für die zusätzlichen Studienjahre (zum Beispiel drei Jahre vom 25. bis zum 28. Lebensjahr) nachzahlen. Nachzahlungsbeträge für diese beispielsweise vier zusätzlichen Jahre werden dann auf die Wartezeit angerechnet und erhöhen später außerdem die Rente.

Von der **Mütterrente** mit einem monatlichen Rentenzuschlag von 31,03 Euro (West) bzw. 29,69 Euro (Ost) ab 1.7.2017 profitieren nicht nur Rentnerinnen mit vor 1992 geborenen Kindern. Auch vor 1955 geborene

---

[8] https://www.gesetze-im-internet.de/sgb_6/__207.html
[9] http://www.sozialgesetzbuch-sgb.de/sgbvi/58.html

Mütter (außer Beamtinnen und Pensionärinnen) mit einem Kind oder mit zwei Kindern, die vor 1992 geboren und von ihnen erzogen wurden, erhalten einen Rentenanspruch, wenn sie nie pflichtversichert waren und für die noch zur fünfjährigen Wartezeit fehlenden Monate einen Nachzahlungsbetrag leisten.

Diese **Nachzahlung von Beiträgen für vor 1955 geborene Mütter** ist ebenfalls im Sechsten Sozialgesetzbuch geregelt.[10] Sie erfolgt nach Erreichen der jeweiligen Regelaltersgrenze (zum Beispiel 65 Jahre und 6 Monate für Jahrgang 1952 in 2017 oder 2018). Bei zwei vor 1992 geborenen Kindern mit nunmehr vier Jahren Kindererziehung werden zwei zusätzliche Entgeltpunkte gutgeschrieben, insgesamt also vier Entgeltpunkte. Also reicht ein einziger Jahresbeitrag von mindestens 1.009,80 bzw. 1.004,40 Euro im Jahr 2017 bzw. 2018 aus, um einen Rentenanspruch zu begründen.

Die Nachzahlung des Mindestbeitrags von 1.004,40 Euro für das Jahr 2018 führt dazu, dass die in 1952 geborene und nie pflichtversicherte Mutter mit zwei vor 1992 geborenen Kindern auf einen Schlag eine monatliche Rente von brutto 128,54 Euro (West) erhält. Auch nach Abzug des Beitrags zur gesetzlichen Kranken- und Pflegeversicherung in Höhe von 11 Prozent der Bruttorente verbleiben ihr noch 114,40 Euro monatlich. Bereits nach neun Monaten erhält sie mehr als den Nachzahlungsbetrag von 1.004,40 Euro zurück.

Auch ältere Mütter mit vor 1992 geborenen Kindern, die sich nach Heirat und Geburt ihrer Kinder die bis dahin von ihnen gezahlten Rentenbeiträge haben erstatten lassen (sog. Heiratserstattung), können noch Nachzahlungsbeträge leisten. Darauf weist die Deutsche Rentenversicherung sogar ausdrücklich hin. Selbst im Alter von 80 Jahren und mehr sind Nachzahlungen noch möglich, um erstmalig eine eigene gesetzliche Rente zu erhalten.

---

[10] https://www.gesetze-im-internet.de/sgb_6/__282.html

3. FREIWILLIGE BEITRÄGE FÜR NICHT-PFLICHTVERSICHERTE

Jede nicht pflichtversicherte Person kann freiwillige Beiträge zur gesetzlichen Rente zahlen, also auch Beamte, Freiberufler, Selbstständige oder Nichterwerbstätige. Es gibt wohl kaum einen Satz, der in dem für die gesetzliche Rentenversicherung bestimmten Sechsten Sozialgesetzbuch (SGB VI) so klar formuliert ist wie der in Paragraf 7 Absatz 1 enthaltene Satz 1:

„Personen, die nicht versicherungspflichtig sind, können sich für Zeiten von der Vollendung des 16. Lebensjahres an freiwillig versichern".[11] Sogar nicht versicherungspflichtige Deutsche, die sich längere Zeit im Ausland aufhalten, können sich freiwillig versichern. Denn Satz 2 stellt klar: „Dies gilt auch für Deutsche, die ihren gewöhnlichen Aufenthalt im Ausland haben". Auf den ersten oder zweiten Wohnsitz kommt es dabei nicht an.

3.1. Berechtigte für eine freiwillige Versicherung

Wer freiwillige Beiträge zur gesetzlichen Rente zahlen möchte, darf also nicht pflichtversichert sein. Rentenversicherungspflichtige Arbeitnehmer können daher zurzeit keine freiwilligen Beiträge zahlen. Der Ausgleichsbetrag zum Rückkauf von Rentenabschlägen zählt weder als Pflichtbeitrag noch als freiwilliger Beitrag. Rentenrechtlich handelt es sich dabei also um einen „Zwitter". Auch Nachzahlungsbeträge zum

---

[11] § 7 Abs. 1 SGB VI, siehe https://www.gesetze-im-internet.de/sgb_6/__7.html

Schließen von Versicherungslücken zählen im engeren Sinne nicht zu freiwilligen Beiträgen, sondern sind Sonderformen.

Bisher gibt es für rentenversicherungspflichtige Arbeitnehmer also keine Möglichkeit, zusätzlich zu den geleisteten Pflichtbeiträgen gleichzeitig auch noch freiwillige Beiträge zu zahlen. Ob sich dies künftig mal ändern wird, bleibt ungewiss. Vorschläge von Institutionen, Verbänden und Bundestagsparteien, dies zu ändern, gibt es zuhauf.

Wer aber zurzeit nicht pflichtversichert ist, ist zur freiwilligen Versicherung ohne Einschränkungen berechtigt. Dass dennoch in der Öffentlichkeit und teilweise sogar von Sachbearbeitern in den örtlichen Beratungsstellen der Deutschen Rentenversicherung immer noch behauptet wird, Beamte oder Freiberufler dürften sich gar nicht freiwillig versichern und daher keine freiwilligen Beiträge in die gesetzliche Rentenversicherung einzahlen, ist eigentlich nicht zu verstehen.

Es hilft auch nichts, wenn sich Berater der Deutschen Rentenversicherung damit herausreden, früher hätten Beamte oder Freiberufler das tatsächlich nicht gedurft, wenn sie noch nicht für mindestens fünf Jahre Pflichtbeiträge gezahlt hätten. Diese Einschränkung gab es in der Tat bis zum 10.8.2010, wie der folgende Satz zeigt: *„Personen, die versicherungsfrei oder von der Versicherung befreit sind, können sich nur dann freiwillig versichern, wenn sie die allgemeine Wartezeit erfüllt haben".*[12]

Den erwähnten Satz hat der Gesetzgeber jedoch nach Intervention des Ausschusses für Arbeit und Soziales Mitte Juni 2010 fallen lassen, da der genannte Satz versicherungsfreie Personen (zum Beispiel Beamte, Richter und Soldaten mit Versorgungs- bzw. Pensionsanwartschaften) und von der Versicherung befreite Personen (zum Freiberufler mit Anwartschaften aus berufsständischer Versorgung) mit beispielsweise nur drei oder vier Pflichtbeitragsjahren benachteiligte.

Da die allgemeine Wartezeit von fünf Jahren (auch Mindestversicherungszeit genannt) nicht erreicht wurde und die genannten Betroffenen

---

[12] § 7 Abs. 2 Satz 1 SGB VI in der bis 10.8.2010 geltenden Fassung

die an der fünfjährigen Wartezeit fehlenden Jahre nicht durch freiwillige Beiträge ausgleichen durften, erhielten sie auf Antrag nur ihre eigenen entrichteten Arbeitnehmer-Beiträge zur gesetzlichen Rentenversicherung zinslos erstattet.

Der Ausschuss für Arbeit und Soziales berief sich bei seinem Änderungsvorschlag auch auf das Anliegen des Petitionsausschusses, der die freiwillige Versicherung von versicherungsfreien und von der Versicherung befreiten Personen in der gesetzlichen Rentenversicherung ohne Einschränkungen befürwortet hatte.

Wer immer noch daran zweifelt, dass beispielsweise auch Beamte oder Freiberufler Beiträge zur gesetzlichen Renten zahlen dürfen, sei an das Rundschreiben Nr. 1/2010 der DRV Westfalen vom 16.8.2010 erinnert, in dem es auf Seite 2 unter dem Punkt „Berechtigung zur freiwilligen Versicherung" unmissverständlich heißt: *„Der bisherige Ausschluss von der Berechtigung zur freiwilligen Versicherung für versicherungsfreie und von der Versicherungspflicht befreite Personen (zum Beispiel Beamte und oder von der Versicherungspflicht befreite Mitglieder von berufsständischen Versorgungswerken) nach § 7 Abs. 2 SGB VI wegen Nichterfüllung der Mindestversicherungszeit von fünf Jahren (allgemeine Wartezeit) wird damit aufgegeben. Dadurch wird künftig auch für diesen Personenkreis die Möglichkeit eröffnet, freiwillige Beiträge zur gesetzlichen Rentenversicherung zu zahlen".*[13]

Seit 11.8.2010 und damit seit über sieben Jahren gilt also die für Beamte und Freiberufler nachteilige Regelung nicht mehr. Es wäre eigentlich zu erwarten, dass sich dies mittlerweile auch in allen Beratungsstellen der Deutschen Rentenversicherung herumgesprochen hat.

Ab 1.1.2017 können nach dem neu eingeführten Flexirentengesetz zudem erstmalig·auch Frührentner noch freiwillige Beiträge für die Zeit

---

[13] http://www.deutsche-rentenversicherung.de/cae/servlet/contentblob/210040/publicationFile/4286/Rundschreiben_1_2010.pdf

vom Beginn ihrer Frührente bis zum Erreichen der Regelaltersgrenze zahlen. Der entsprechend geänderte Passus lautet nun: *„Nach bindender Bewilligung einer Vollrente wegen Alters oder für Zeiten des Bezugs einer solchen Rente ist eine freiwillige Versicherung nicht zulässig, wenn der Monat abgelaufen ist, in dem die Regelaltersgrenze erreicht wurde".*[14]

Im Umkehrschluss heißt dies: Personen mit einer Vollrente wegen Alters können sich bis zum Ablauf des Monats, in dem die Regelaltersgrenze erreicht wurde, freiwillig versichern. Wie sich Frührentner, die als besonders langjährig Versicherte oder langjährig Versicherte oder auch schwerbehinderte Menschen ab 63 Jahren vorzeitig eine Altersrente beziehen, diese Neuregelung zunutze machen können, erfahren Sie im Unterkapitel 3.5.5.

3.2. Höhe der freiwilligen Beiträge

Wenn Sie freiwillige Beiträge zur gesetzlichen Rente zahlen wollen, müssen Sie zunächst das im Internet downloadbare **Formular V0060 „Antrag auf Beitragszahlung für eine freiwillige Versicherung"** ausfüllen. Die Fragen unter Punkt 3 über Ihren Beruf und Ihre Tätigkeit dienen lediglich zur Prüfung, ob Sie überhaupt zur freiwilligen Versicherung berechtigt sind. Liegt diese Berechtigung zur freiwilligen Versicherung vor, wird die Deutsche Rentenversicherung Beginn und Höhe der freiwilligen Beitragszahlungen unter Punkt 4 sowie den gewählten Zahlungsweg (Abbuchung oder Überweisung) unter Punkt 5 nach Ihren Wünschen berücksichtigen. Im Merkblatt **V0061** finden Sie ausführliche Erläuterungen zum Ausfüllen des Antrags nach Formular V0060.

Sofern Sie wegen einer früheren versicherungspflichtigen Tätigkeit bereits eine Versicherungsnummer (VSNR) bei der Deutschen Rentenversicherung haben, geben Sie diese auf jeden Fall an. Dies erleichtert die

---

[14] § 7 Abs. 2 SGB VI, NEU ab 1.7.2017, siehe https://www.gesetze-im-internet.de/sgb_6/__7.html

Bearbeitung. Eventuell können Sie dann sogar auf das Ausfüllen des Formulars V0060 verzichten und Ihren Antrag auf freiwillige Versicherung formlos stellen. Auf Nummer Sicher gehen Sie aber immer, wenn Sie das Formular V0060 ausfüllen.

Die Möglichkeit, freiwillige Beiträge zur gesetzlichen Rente zu leisten, ist wenig bekannt. Im Jahr 2015 gab es insgesamt nur 241.000 freiwillig Versicherte, dies sind weniger als 1 Prozent der aktiv in der gesetzlichen Rentenversicherung pflichtversicherten Beschäftigten. In 2014 waren es noch 252.000 und in 2011 noch mehr als 300.000. Im Jahr 2001 gab es sogar 602.000 freiwillig Versicherte und in 1999 über 700.000.

Die freiwillige Versicherung im Rahmen der gesetzlichen Rentenversicherung ist zurzeit also beileibe kein Renner. Nicht nur die Unkenntnis vieler Nicht-Pflichtversicherten hat zum drastischen Rückgang der freiwillig Versicherten beigetragen. Viele nehmen irrtümlich an, dass sich eine Einzahlung in die umlagefinanzierte gesetzliche Rentenversicherung gar nicht lohne und Beiträge für eine kapitalgedeckte Rente (zum Beispiel Riester-Rente, Rürup-Rente oder Privatrente aus einer privaten Rentenversicherung) besser angelegt seien. Das Gegenteil ist aber seit der in 2010 begonnenen und weiter anhaltenden Niedrigzinsphase richtig. Zeitlich rein zufällig wurde der Kreis der zur freiwilligen Versicherung Berechtigten im August 2010 auf Beamte und Freiberufler erweitert.

Ebenfalls überraschend ist folgende Tatsache: 196.000 und damit 81 Prozent der in 2015 freiwillig Versicherten zahlten nur den Mindestbeitrag von damals monatlich 84,15 Euro. Ganz offensichtlich hat die überwiegende Mehrheit dies dazu genutzt, um die fünfjährige Wartezeit für einen Anspruch auf die Regelaltersrente oder die 35-jährige Wartezeit für den Bezug einer abschlagspflichtigen Frührente für langjährig Versicherte ab 63 Jahren zu nutzen. Darunter werden insbesondere nicht pflichtversicherte Selbstständige und vorübergehend nicht erwerbstätige Hausfrauen oder –männer sein.

Nur rund 5.000 und damit 2 Prozent der freiwillig Versicherten zahlten den Höchstbeitrag von monatlich 1.131,35 Euro in 2015. Die übrigen 40.000 freiwillig Versicherten entschieden sich für einen freiwilligen Beitrag zwischen Mindest- und Höchstbeitrag. Der durchschnittliche monatliche Beitrag der freiwillig Versicherten lag im Jahr 2015 bei 127 Euro.

Sie können, sofern Sie nicht rentenversicherungspflichtig sind, im Jahr jeden beliebigen freiwilligen Beitrag zwischen Mindest- und Höchstbeitrag einzahlen. Sofern Sie bisher noch nicht in der gesetzlichen Rentenversicherung versichert waren, müssen Sie aber für mindestens fünf Jahre freiwillige Beiträge entrichten (Mindestversicherungszeit bzw. allgemeine Wartezeit). Nur dann haben Sie Anspruch auf eine gesetzliche Rente.

Im Jahr 2018 liegt der **Mindestbeitrag** bei 83,70 Euro monatlich und jährlich 1.004,40 Euro. Dieser Mindestbeitrag bleibt auch für die nachfolgenden Jahre 2019 bis 2022 gleich, da sich der Beitragssatz von 18,6 Prozent nicht verändern und der Mindestbeitrag aus 18,6 Prozent von monatlich 450 Euro bzw. jährlich 5.400 Euro berechnet wird.

Der **Höchstbeitrag** liegt in 2018 bei monatlich 1.209 Euro und jährlich 14.508 Euro. Dies sind 18,6 Prozent der Beitragsbemessungsgrenze in der gesetzlichen Rentenversicherung West von monatlich 6.500 Euro und 78.000 Euro jährlich.

Da sich die Beitragsbemessungsgrenzen in den Jahren 2018 bis 2023 laut Vorschaurechnung im aktuellen Rentenversicherungsbericht 2017 der Bundesregierung erhöhen, steigen auch die Höchstbeiträge an. Im Jahr 2022 könnte dann der Höchstbeitrag bei monatlich 1.348,50 Euro oder jährlich 16.182 Euro liegen. Dies wären gut 11 Prozent über dem Höchstbeitrag in 2018.

Wer in den fünf Jahren von 2018 bis einschließlich 2022 freiwillige Beiträge zur gesetzlichen Rente leisten will, kommt auf eine Mindestbeitragssumme von 5.022 Euro und erhält damit bereits Anspruch auf eine gesetzliche Rente, die aber mit monatlich nur 24 Euro sehr gering ausfallen wird.

Lediglich Mindestbeiträge einzuzahlen, macht nur zum Schließen von Lücken bei der Wartezeit für eine vorgezogene Altersrente oder eine Regelaltersrente Sinn. Wer beispielsweise bis zum Alter von 63 Jahren nur auf 30 Pflichtbeitragsjahre kommen wird, kann in Zeiten ohne Pflichtversicherung für fünf Jahre freiwillige Beiträge einzahlen. Dann würde er als langjährig Versicherter die 35-jährige Wartezeit für eine abschlagspflichtige Rente mit 63 Jahren erfüllen und könnte schon mit 63 in Rente gehen.

Wer es sich finanziell leisten kann, könnte von 2018 bis 2022 auch den jeweiligen Höchstbeitrag zahlen. Dann käme bei Annahme der um rund 2,8 Prozent pro Jahr ansteigenden Beitragsbemessungsgrenze in der gesetzlichen Rentenversicherung eine Höchstbeitragssumme von 76.669 Euro heraus.

Wenn die Regelaltersgrenze in 2022 erreicht würde, kann dieser Höchstbeitragszahler mit einer gesetzlichen Rente von monatlich 366 Euro brutto rechnen. Diese mögliche Rente würde bei privat krankenversicherten Rentnern auf 393 Euro einschließlich Zuschuss zur privaten Krankenversicherung in Höhe von 7,3 Prozent der Bruttorente steigen.

Da Sie als freiwillig Versicherter jeden individuellen Beitrag zwischen Mindest- und Höchstbeitrag zahlen können, hängt die Höhe der individuellen Beitragssumme für beispielsweise fünf Jahre ganz allein von Ihren vorhandenen finanziellen Mitteln ab. Wer beispielsweise von 2018 bis 2022 jedes Jahr 6.000 Euro zahlt, kommt auf eine Beitragssumme von 30.000 Euro. Bei Rentenbeginn in 2022 wäre dann eine gesetzliche Rente von monatlich brutto 143 Euro zu erwarten, die bei privat krankenversicherten Rentnern auf 153 Euro steigen würde. Die garantierte gesetzliche Rente läge bei 132 Euro brutto oder 142 Euro einschließlich 7,3 Prozent Zuschuss zur privaten Krankenversicherung.

Eine gute Orientierung bietet auch der **Durchschnittsbeitrag**. Dies ist der Beitrag, den Arbeitgeber und Arbeitnehmer bei einem Durchschnittsverdiener bezahlen würden. Das vorläufige Durchschnittsentgelt für 2018 wird auf monatlich 3.156 Euro im Westen festgelegt. Es soll laut Rentenversicherungsbericht der Bundesregierung auf 3.553 Euro monatlich in 2022 steigen, also um gut 12 Prozent insgesamt oder durchschnittlich 3 Prozent pro Jahr zulegen.

Die Durchschnittsbeitragssumme für die fünf Jahre von 2018 bis einschließlich würde dann 37.385 Euro ausmachen. Ein rentenversicherungspflichtiger Durchschnittsverdiener bekäme für jedes Jahr einen Entgeltpunkt gutgeschrieben, also fünf Entgeltpunkte für fünf Jahre. Bei Rentenbeginn in 2022 könnte er für diese fünf Jahre eine anteilige gesetzliche Rente von monatlich 179 Euro brutto erwarten.

Gleiches gilt selbstverständlich auch für einen freiwillig Versicherten, der immer so viel an freiwilligen Beiträgen einzahlen würde wie die Pflichtbeiträge von Arbeitgeber und Arbeitnehmer für einen Durchschnittsverdiener zusammen. Dies ist wohlgemerkt nur eine ganz grobe Orientierungshilfe. Letztlich kommt es immer darauf an, wie hoch die finanziellen Mittel sind, die Ihnen für freiwillige Beiträge zur gesetzlichen Rente zur Verfügung stehen.

Für regelmäßige freiwillige Beiträge zur gesetzlichen Rente ist die Zahlungsweise nicht vorgeschrieben. Regelmäßige freiwillige Beiträge können Sie monatlich, vierteljährlich, halbjährlich oder jährlich zahlen. Wenn Sie die Beiträge von Ihrem Konto abbuchen lassen, erteilen Sie der Deutschen Rentenversicherung eine Einzugsermächtigung (SEPA-Basis-Lastschriftmandat).

Meist empfiehlt es sich aber, den freiwilligen Beitrag jährlich zu überweisen, und zwar am besten jeweils im Dezember eines Jahres. Da Beiträge zur gesetzlichen Rentenversicherung nicht wie Beiträge zur privaten oder betrieblichen Altersvorsorge verzinst werden, bringt eine zeitlich davor liegende Zahlung keinen Vorteil.

Den Jahresbeitrag für ein bestimmtes Kalenderjahr (zum Beispiel für 2017) können Sie auch noch nachträglich bis zum 31. März des folgenden Jahres (also zum Beispiel am 31.3.2018 bzw. wegen der Osterfeiertage bis zum 3.4.2018) überweisen. Dies müssen Sie auf dem Überweisungsträger aber ausdrücklich vermerken.

Wichtig: Steuerlich gilt das Abflussprinzip. Wenn Sie den Jahresbeitrag für 2017 erst im März 2018 bezahlen, können Sie diesen auch erst für das Jahr 2018 steuerlich geltend machen. Im Übrigen können Sie die Höhe des von Ihnen gewählten freiwilligen Beitrags auch jederzeit ändern, also erhöhen oder vermindern.

Je mehr Sie einzahlen, desto höher fällt selbstverständlich Ihr späteres Rentenplus aus. Wählen Sie aber nur einen freiwilligen Beitrag, den Sie sich auch finanziell leisten können, ohne sich dadurch einzuschränken. Denn eine Möglichkeit der Rückerstattung freiwilliger Beiträge gibt es nicht.

3.3. Höhe der gesetzlichen Rente aus freiwilligen Beiträgen

Die gesetzliche Rente bemisst sich nach den erreichten persönlichen Entgeltpunkten und dem aktuellen Rentenwert. Bei einem persönlichen Bruttoverdienst, der im Jahr 2018 genau so hoch ist wie das vorläufige Durchschnittsentgelt West von 3.156 Euro monatlich, gibt es genau einen Entgeltpunkt und einen Rentenanspruch von monatlich 31,03 Euro (aktueller Rentenwert West vom 1.7.2017 bis 30.6.2018).

Die Tabelle 6 vergleicht die garantierten und möglichen Bruttorenten vor Steuern und vor Beiträgen zur Kranken- und Pflegeversicherung miteinander. Dabei wird eine Beitragssumme von 30.000 Euro angenommen. Für eine Beitragssumme von beispielsweise 60.000 Euro liegen die Bruttorenten doppelt so hoch.

Tabelle 6: Garantierte und mögliche gesetzliche Rente West

(bei einer Beitragssumme von 30.000 Euro und Zahlung des jährlichen Beitrags bis zum Erreichen der Regelaltersgrenze)

Beitrags- jahre	jährlicher Beitrag	garantierte gesetzliche Rente*	mögliche gesetzliche Rente**
5	6.000 €	132 €	144 €
6	5.000 €	132 €	144 €
8	3.750 €	131 €	144 €
10	3.000 €	128 €	144 €
12	2.500 €	125 €	144 €
15	2.000 €	121 €	144 €
20	1.500 €	115 €	146 €
25	1.200 €	111 €	150 €
30	1.000 €	108 €	152 €

*) garantierte gesetzliche Rente brutto West pro Monat aus freiwilligen Beiträgen ab 2018 ohne Annahme von Rentensteigerungen, aber mit Steigerung des Beitragssatzes und mit Senkung des Rentenniveaus bis zum Rentenbeginn ab Erreichen der Regelaltersgrenze

**) mögliche gesetzliche Rente brutto West aus freiwilligen Beiträgen pro Monat mit Annahme einer jährlichen Rentensteigerung von 2 % bis zum Rentenbeginn ab Erreichen der Regelaltersgrenze und Berücksichtigung der Steigerung des Beitragssatzes sowie der Senkung des Rentenniveaus wie im Rentenversicherungsbericht 2017 der Bundesregierung

Nach Einführung der gesetzlichen Rentengarantie im Jahr 2009 kann sich dieser aktuelle Rentenwert garantiert nicht vermindern. Auf das Jahr hochgerechnet, liegt die gesetzliche Rente für einen Entgeltpunkt bei 372,36 Euro. Dies sind immerhin 5,3 Prozent des Jahresbeitrags von 7.044,38 Euro in 2018, der sich aus 18,6 Prozent von 37.873 Euro Jahresdurchschnittsentgelt brutto West errechnet.

Ansprüche auf eine gesetzliche Rente entstehen bekanntlich nur bei einer Beitragsdauer von mindestens fünf Jahren. Daher können heute 60-Jährige, die bisher nicht rentenversicherungspflichtig waren, für fünf Beitragsjahre von 2018 bis 2022 noch jeweils 6.000 Euro pro Jahr einzahlen, um auf eine Beitragssumme von 30.000 Euro zu kommen und noch eine Regelaltersrente zu erhalten.

Um die gleiche Summe aufzubringen, sind bei sechs Beitragsjahren jährlich 5.000 Euro einzuzahlen, bei acht Beitragsjahren jährlich 3.750 Euro und bei zehn Beitragsjahren jeweils 3.000 Euro pro Jahr. In der Tabelle 6 werden auch monatliche gesetzliche Renten für eine Beitragsdauer von 12, 15, 20, 25 und 30 Jahren genannt.

Freiwillige Beiträge zur gesetzlichen Rente über eine Beitragsdauer von mehr als 30 Jahren sind zwar auch möglich. Sinnvoll ist dies aber nur, um mit einer hohen Anzahl von freiwilligen Beitragsjahren den Anspruch auf eine abschlagspflichtige Rente mit 63 Jahren nach einer Wartezeit von 35 Jahren oder eine abschlagsfreie Rente mit 65 Jahren (für alle Geburtsjahrgänge ab 1964) nach 45 Versicherungsjahren, in denen mindestens 18 Pflichtbeitragsjahre enthalten sein müssen, zu erhalten.

Dafür reicht in jungen Jahren der jeweilige Mindestbeitrag von zurzeit monatlich 83,70 Euro oder jährlich 1.004,40 Euro völlig aus. Selbst wenn der Beitragssatz ab 2030 auf 22 Prozent steigen sollte, läge dieser Mindestbeitrag nur bei 99 Euro im Monat oder 1.188 Euro im Jahr, sofern die Berechnungsgrundlage von 450 Euro bestehen bleibt.

Seit dem in 2009 eingeführten gesetzlichen Rentensenkungsverbot sind einmal erreichte aktuelle Rentenwerte garantiert. Der zum 1. Juli eines jeden Jahres festgesetzte aktuelle Rentenwert kann somit niemals sinken. Dies gilt auch dann, wenn die Durchschnittsentgelte ausnahmsweise einmal gegenüber dem Vorjahr sinken sollten wie in 2009. Damit war die Rentengarantie in der gesetzlichen Rentenversicherung geboren.

Dass die in der Tabelle 6 genannten garantierten Renten dennoch ab einer Beitragsdauer von mehr als sechs Jahren sinken, hat einen einfachen Grund. Wenn der Beitragssatz wie vorgesehen ab 2024 stark steigt und ab 2030 sogar auf 22 Prozent und mehr ansteigen sollte statt zurzeit 18,6 Prozent, wird ein freiwilliger Beitrag weniger wert. Bei einem Beitragssatz von 18,6 Prozent errechnet sich aus einem freiwilligen Beitrag von 6.000 Euro nach Division durch 0,186 ein fiktives Entgelt von 32.258,06 Euro. Sofern das vorläufige Durchschnittsentgelt West in Höhe von 37.873 Euro in 2018 gleichbleiben würde, macht dieses fiktive Entgelt 85,17 Prozent des Durchschnittsentgelts aus und entspricht somit 0,8517 Entgeltpunkten.

Bei konstantem Beitragssatz von 18,6 Prozent, konstantem Durchschnittsentgelt von jährlich 37.873 Euro und ebenfalls konstantem aktuellen Rentenwert von 31,03 Euro ab 1.7.2017 führen freiwillige Beiträge von 6.000 Euro für fünf Jahre (2018 bis 2022) dann zu 4,2585 Entgeltpunkten und zu einer garantierten gesetzlichen Rente von 132,14 bzw. abgerundet 132 Euro brutto im Monat (siehe Tabelle 6 für fünf Beitragsjahre).

Für zehn Beitragsjahre von 2018 bis 2027 gibt es bei gleicher Beitragssumme jedoch nur 4,1239 Entgeltpunkte, da die Beitragssätze ab 2023 von 18,7 Prozent bis auf 20,6 Prozent in 2027 steigen sollen. Bei einem gleichbleibenden aktuellen Rentenwert von 31,03 Euro errechnet sich dann nur noch eine garantierte gesetzliche Rente von 127,96 € bzw. abgerundet 128 Euro. Dass die garantierten Renten laut Tabelle 6 sinken, ist also allein durch die steigenden Beitragssätze und das ab 2022 sinkende Rentenniveau bedingt. Der zum 1.7.2017 festgelegte aktuelle Rentenwert von 31,03 Euro bleibt hingegen garantiert.

Dass die aktuellen Rentenwerte und damit die gesetzlichen Renten in Zukunft nicht mehr steigen, ist völlig unrealistisch. Zwar hat es in der Vergangenheit zum Beispiel von 2004 bis 2006 und zuletzt in 2010 schon einmal Renten-Nullrunden gegeben. Dies war aber die ganz große Ausnahme. Typischerweise werden die gesetzlichen Renten auch künftig um 1 bis 2 Prozent steigen.

Die möglichen gesetzlichen Renten in Höhe von 141 bis 152 Euro laut Tabelle 6 sind dann aussagekräftig, wenn Sie eine jährliche Rentensteigerung von rund 2 Prozent sowie die Schätzungen für die Entwicklung von Beitragssatz und Rentenniveau im Rentenversicherungsbericht 2017 der Bundesregierung zugrunde legen.

3.4. Vergleich von gesetzlicher Rente und Rürup-Rente

Für den Vergleich von gesetzlicher Rente und Rürup-Rente spricht, dass die Steuerregeln für beide Rentenarten völlig gleich sind. Unterschiede bestehen bei der Höhe der Rentenleistungen. In der gesetzlichen Rente aus freiwilligen Beiträgen ist automatisch auch eine Hinterbliebenenabsicherung enthalten. Bei der klassischen Rürup-Rente ist zwischen der reinen Rürup-Altersrente ohne Hinterbliebenenabsicherung und der Rürup-Rente mit Hinterbliebenenabsicherung zu unterscheiden.

In den folgenden Tabellen werden sowohl die garantierten als auch die möglichen Renten bei der gesetzlichen Rentenversicherung und der Rürup-Rentenversicherung verglichen für einen jährlichen Beitrag von 6.000 Euro und eine Beitragsdauer von 5 bis 30 Jahren.

Aus der Tabelle 7 über die **garantierten Renten** wird ersichtlich, dass die gesetzliche Rente brutto aus freiwilligen Beiträgen bei bis zu 15 Beitragsjahren der Rürup-Rente überlegen ist. Bei privat krankenversicherten Rentnern gilt dies auch noch für eine Beitragsdauer von 20 und 25 Jahren. Erst bei einer Beitragsdauer von 30 Jahren schneidet die reine Rürup-Altersrente ohne Hinterbliebenenabsicherung besser ab als die garantierte gesetzliche Rente einschließlich 7,3 Prozent Zuschuss zur privaten Krankenversicherung und mit Anspruch auf Witwen- bzw. Witwerrente.

Tabelle 7: Gesetzliche Rente und Rürup-Rente
für garantierte Renten

(bei einem jährlichen Beitrag von 6 000 Euro)

Beitrags- jahre	gesetzliche Rente*	Rürup-Rente mit HB**	Rürup-Rente ohne HB***
5	132 €	98 €	111 €
10	256 €	197 €	223 €
15	363 €	307 €	349 €
20	462 €	415 €	469 €
25	556 €	527 €	591 €
30	649 €	648 €	719 €

*) garantierte gesetzliche Rente brutto pro Monat aus freiwilligen Beiträgen ab 2018 ohne Annahme von Rentensteigerungen bis zum Rentenbeginn ab Erreichen der Regelaltersgrenze (bei privat Krankenversicherten 107,3 % der Bruttorente und bei gesetzlich Krankenversicherten 89 % der Bruttorente)

**) garantierte Rürup-Rente brutto pro Monat bei Neuabschluss mit 0,9 % Garantiezins einschließlich voller Hinterbliebenenabsicherung durch Beitrags- und Kapitalrückgewähr aus Beiträgen ab 2018 nach Tarif Europa (bei freiwillig gesetzlich Krankenversicherten nur 82,2 % der Bruttorente)

***) garantierte Rürup-Altersrente brutto pro Monat bei Neuabschluss mit 0,9 % Garantiezins ohne Rentengarantie und ohne Hinterbliebenenabsicherung aus Beiträgen ab 2018 nach Tarif Europa (bei freiwillig gesetzlich Krankenversicherten nur 82,2 % der Bruttorente)

Ein ähnliches Ergebnis zeigt die Tabelle 8 über die möglichen Renten. Bei einer Beitragsdauer von 15 Jahren liegen mögliche gesetzliche Rente brutto und reine Rürup-Rente ohne Hinterbliebenenabsicherung in etwa gleichauf. Bei freiwilligen Beiträgen über 20 Jahre gilt dies auch für privat krankenversicherte Rentner.

Die möglichen gesetzlichen Renten brutto pro Monat laut Tabelle 8 errechnen sich nach der Vorschaurechnung im Rentenversicherungsbericht 2017 der Bundesregierung. Danach steigen die gesetzlichen Renten von 2017 bis 2031 um durchschnittlich 2,2 Prozent und damit um weniger als die Löhne, die im Durchschnitt um 2,9 Prozent zulegen sollen.

Da die Renten geringer steigen als die Löhne, sinkt zwar das Rentenniveau. Das bedeutet aber nicht, dass auch die Bruttorenten in Euro sinken. Ganz im Gegenteil: Die gesetzlichen Renten werden trotz sinkenden Rentenniveaus in Zukunft weiter steigen. Pessimisten gehen von 1 Prozent Rentensteigerung pro Jahr aus und unerschütterliche Optimisten von einer durchschnittlichen Rentensteigerung in Höhe von jährlich 3 Prozent und mehr.

Tabelle 8: Gesetzliche Rente und Rürup-Rente für mögliche Renten

(bei einem jährlichen Beitrag von 6.000 Euro)

Beitrags-jahre	gesetzliche Rente*	Rürup-Rente mit HB**	Rürup-Rente ohne HB***
5	144 €	102 €	116 €
10	283 €	222 €	251 €
15	422 €	373 €	424 €
20	572 €	549 €	619 €
25	734 €	761 €	853 €
30	911 €	1.028 €	1.142 €

*) mögliche gesetzliche Rente brutto pro Monat aus freiwilligen Beiträgen ab 2018 ohne Annahme von Rentensteigerungen bis zum Rentenbeginn ab Erreichen der Regelaltersgrenze (bei privat Krankenversicherten 107,3 % der Bruttorente und bei gesetzlich Krankenversicherten 89 % der Bruttorente)

**) mögliche Rürup-Rente brutto pro Monat aus regelmäßigen Beiträgen bei laufender Verzinsung von 3 % einschließlich voller Hinterbliebenenabsicherung durch Beitrags- und Kapitalrückgewähr nach Tarif Europa (bei freiwillig gesetzlich Krankenversicherten nur 82,3 % der Bruttorente)

***) mögliche Rürup-Rente brutto pro Monat aus regelmäßigen Beiträgen bei laufender Verzinsung von 3 % ohne Rentengarantie und ohne Hinterbliebenenabsicherung nach Tarif Europa (bei freiwillig gesetzlich Krankenversicherten nur 82,3 % der Bruttorente)

Bei den möglichen gesetzlichen Renten in der Tabelle 8 wurde bis 2031 mit den geschätzten aktuellen Rentenwerten laut Rentenversicherungsbericht 2017 der Bundesregierung gerechnet und für die Jahre ab

2032 mit einer durchschnittlichen Rentensteigerung von 2 Prozent bei einer angenommenen Lohnsteigerung von 2,5 Prozent.

Auch in der jährlich von der Deutschen Rentenversicherung versandten Renteninformation erfolgen Hochrechnungen für die künftige Regelaltersrente. Dabei werden Rentensteigerungen von durchschnittlich 1 oder alternativ 2 Prozent angenommen. Mein Rat an Sie: Kalkulieren Sie mit diesen beiden Sätzen oder mit einer durchschnittlichen Rentensteigerung von 1,5 Prozent pro Jahr. In den letzten zehn Jahren stiegen die gesetzlichen Renten beispielsweise um durchschnittlich 1,7 Prozent pro Jahr. .

Über die angenommene Höhe der jährlichen Rentensteigerung kann man trefflich streiten. Letztlich bringt Sie dieser Streit aber nicht weiter. Nur eins ist sicher: Völlig ausbleibende Rentensteigerungen in Form von Dauer-Nullrunden wird es künftig ebenso wenig geben wie jährliche Rentensteigerungen von durchschnittlich 3 Prozent und mehr.

Bei den in der Tabelle 8 angegebenen Rürup-Renten ist zu bedenken, dass die dort angegebene Europa Versicherung zu den in allen Tests am besten abschneidenden Anbietern von klassischen Rürup-Rentenversicherungen zählt. Bei der möglichen Rürup-Rente hat die Europa Versicherung für Neuabschlüsse in 2017 noch eine laufende Durchschnittsverzinsung von 3 Prozent zugrunde gelegt.

Guter Rat über freiwillige Beiträge zur gesetzlichen Rente

Guter Rat muss nicht teuer sein. Die wahrscheinlich beste Beratung über freiwillige Beiträge zur gesetzlichen Rente erhalten Sie über einen Rentenberater. Versicherungsvermittler werden Ihnen von der Zahlung freiwilliger Beiträge in die gesetzliche Rentenversicherung in aller Regel abraten, da sie daran nichts verdienen können.

Leider raten Ihnen auch manche Sachbearbeiter in den örtlichen Beratungsstellen der Deutschen Rentenversicherung pauschal mit den Worten „Das lohnt sich nicht für Sie" ab und verweisen auf die Riester-Rente. In Einzelfällen heißt es dort irrtümlich sogar „Das können Sie gar nicht". Offensichtlich ist selbst einigen bei der Deutschen Rentenversicherung angestellten Beratern bis heute noch nicht bekannt, dass seit dem 11.8.2010 jeder nicht versicherungspflichtige Beamte, Freiberufler, Selbstständige oder momentan nicht Erwerbstätige (zum Beispiel Hausfrau bzw. Hausmann) freiwillige Beiträge zur gesetzlichen Rente zahlen darf. Noch bedenklicher ist es, wenn die Ratsuchenden stattdessen auf die Riester-Rente oder Rürup-Rente als angeblich bessere Alternative hingewiesen werden.

Versicherungsvertreter und Versicherungsmakler, die von Provisionen leben, werden verständlicherweise keine Empfehlung für freiwillige Beiträge zur gesetzlichen Rente abgeben. Sie verdienen halt nichts daran, wenn sie dies empfehlen würden. Auch nur ganz wenige Honorarberater, die ihren Mandaten für ihre Beratung ein Honorar in Rechnung stellen und auf eine Provision grundsätzlich verzichten, werden Beamte, Freiberufler und nicht pflichtversicherte Selbstständige auf freiwillige Beiträge zur gesetzlichen Rente hinweisen.

Sachgerechte Informationen über freiwillige Beiträge zur gesetzlichen Rente bietet bereits seit Anfang 2014 die Zeitschrift Finanztest. Im Sonderheft „Special Rente planen" von Juni 2014 hieß es plakativ „Freiwillige vor" und in der Titelgeschichte von Februar 2017 „Mehr Rente".

Dieser Ratschlag kommt nicht von ungefähr, da die Garantiezinsen für neu abgeschlossene Verträge über Rürup-Renten, Riester-Renten und Renten bei privaten Rentenversicherungen in 2012 bis 2014 auf 1,75 Prozent und in 2015 bis 2016 auf 1,25 Prozent gesunken sind. Für Neuabschlüsse ab 1.1.2017 liegt der Garantiezins nur noch bei 0,9 Prozent.

Je tiefer das Zinsniveau bereits gesunken ist und je länger die Niedrigzinsphase andauert, desto mehr empfehlen sich freiwillige Beiträge zur gesetzlichen Rente als bessere Alternative.

In Medien wie Wirtschaftswoche, Handelsblatt, Frankfurter Allgemeine Zeitung oder Süddeutsche Zeitung und auch im Fernsehen ist seit 2016 vom Comeback bzw. von der Renaissance der gesetzlichen Rente die Rede. Sie sei besser als ihr Ruf, heißt es fast unisono. Die meisten Versicherungsvermittler wollen davon aber nichts wissen und machen die gesetzliche Rente stattdessen weiterhin madig.

Privat krankenversicherte Rentner

Ist der gesetzliche Rentner privat krankenversichert, zahlt die Deutsche Rentenversicherung noch einen Zuschuss zur privaten Krankenversicherung (PKV) in Höhe von 7,3 Prozent der gesetzlichen Rente brutto. Die gesetzliche Rente einschließlich PKV-Zuschuss steigt damit auf 107,3 Prozent der Bruttorente.

Beamte sind bis auf wenige Ausnahmen privat krankenversichert. Dies kommt ihnen im Ruhestand zugute, sofern sie neben der Pension noch eine gesetzliche Rente aus Pflichtbeiträgen und/oder freiwilligen Beiträgen bekommen. Auch Freiberufler wie Ärzte und Rechtsanwälte sind zumeist privat krankenversichert und profitieren somit von dem Zuschuss, der allerdings auf die Hälfte des Beitrags in der privaten Krankenversicherung begrenzt bleibt.

Da die gesetzlichen Renten von ehemaligen Beamten in aller Regel nicht über 1.000 Euro hinausgehen und der Beitrag zur privaten Krankenkasse deutlich über 150 Euro monatlich liegen dürfte, wird der PKV-Zuschuss von beispielsweise 73 Euro nicht gekürzt.

Gesetzlich krankenversicherte Rentner

Wer als Rentner in der KVdR (Krankenversicherung der Rentner) gesetzlich krankenversichert ist, muss den halben Beitrag plus Zusatzbeitrag zur gesetzlichen Krankenversicherung sowie den vollen Beitrag zur gesetzlichen Pflegeversicherung tragen. Bei kinderlosen Rentnern werden in 2018 insgesamt 11,1 Prozent von der Bruttorente abgezogen (halber Krankenkassenbeitrag 7,3 Prozent plus durchschnittlicher Zusatzbeitrag 1 Prozent plus voller Pflegekassenbeitrag 2,8 Prozent). Rentner mit mindestens einem Kind müssen mit einem Beitrag von 10,85 Prozent zur gesetzlichen Kranken- und Pflegeversicherung rechnen.

Die von der Deutschen Rentenversicherung auf das Konto des gesetzlich krankenversicherten, kinderlosen Rentners überwiesene gesetzliche Rente (Zahlbetrag genannt) macht somit 88,9 Prozent der Bruttorente aus. Bei Rentnern mit Kind sind es noch 89,15 Prozent, da der Zuschlag von 0,25 Prozent beim Pflegekassenbeitrag für kinderlose Rentner entfällt.

Die Zahlbeträge oder Nettorenten vor Steuern liegen bei gesetzlich krankenversicherten Rentnern rund 17 Prozent unter den Renten inkl. PKV-Zuschuss bei den privat krankenversicherten Rentnern.

Daraus folgt unmittelbar, dass sich freiwillige Beiträge zur gesetzlichen Rente bei gesetzlich krankenversicherten Rentnern weniger lohnen als bei privat Krankenversicherten. Dennoch liegen die gesetzlichen Renten auch nach Abzug von rund 11 Prozent Beitrag zur gesetzlichen Kranken- und Pflegeversicherung bei älteren Beamten bis Jahrgang 1963 (Gruppe 55plus) meist noch über vergleichbaren Rürup-Renten.

Wann sich freiwillige Beiträge zur gesetzlichen Rente lohnen

Wann sich freiwillige Beiträge zur gesetzlichen Rente im Vergleich zu kapitalgedeckten Renten (Rürup-Rente, Riester-Rente oder Privatrente als Rente aus privater Rentenversicherung) wirklich lohnen, hängt vom Einzelfall ab. Pauschale Aussagen darüber können falsch sein und in die Irre führen. Nur faire und nachvollziehbare Vergleiche helfen weiter.

Zwei wesentliche Punkte entscheiden darüber, ob und wie sich freiwillige Beiträge zur gesetzlichen Rente lohnen. Erstens ist es das Alter des Beitragszahlers und die sich daraus ergebende Anzahl der Beitragsjahre bis zum Erreichen der Regelaltersgrenze. Dabei gilt die Regel: Je älter der Beitragszahler und je weniger Jahre bis zur Regelaltersgrenze mit bis zu 67 Jahren, desto besser. Zum Zweiten kommt es auf die Art der Krankenversicherung des künftigen Rentners an. Für privat krankenversicherte künftige Rentner sind die Aussichten wesentlich besser als für gesetzlich Krankenversicherte.

Am besten schneiden somit ältere und zugleich privat krankenversicherte Personen wie Beamte oder Freiberufler ab. Besonders für pensionsnahe Beamte und rentennahe Freiberufler, die das 55. oder sogar das 60. Lebensjahr bereits vollendet haben und auch als Ruheständler privat krankenversichert sein werden, lohnen sich freiwillige Beiträge zur gesetzlichen Rente ganz besonders.

Sieben gute Jahre für Beitragszahlungen

Die Aussichten der gesetzlichen Rentenversicherung für die sieben Jahre von 2017 bis Ende 2023 sind für Beitragszahler und künftige Rentner recht gut. Stabile Beitragssätze sowie Renten, die in etwa so stark steigen wie die Löhne, sind relativ sicher zu erwarten.

Es empfiehlt sich grundsätzlich, die fünf besonders guten Jahre 2018 bis 2022 mit einem niedrigen Beitragssatz von 18,6 Prozent für freiwillige Beiträge zur gesetzlichen Rente zu nutzen. Diese Phase wird als „Zwischenhoch" bezeichnet, da die geburtenstarken Jahrgänge frühestens erst ab 2023 in Rente gehen und dann die Finanzen der gesetzlichen Rentenversicherung belasten.

Das Zeitfenster für fünf gute Rentenjahre steht jedem freiwilligen Beitragszahler offen. Wenn Sie zwischen 1959 und 1969 geboren sind und zur so genannten Babyboomer-Generation gehören, sollten Sie Ihre Beitragszahlung daher ebenfalls vor allem auf die Jahre 2018 bis 2022 konzentrieren.

Wer beispielsweise von 2018 bis 2022 jedes Jahr den Höchstbeitrag in der gesetzlichen Rentenversicherung zahlt und damit auf eine Beitragssumme von 76.756 Euro kommt, kann mit einer möglichen gesetzlichen Rente von brutto 367 Euro rechnen, sofern er 2023 in Rente geht. Die erste Bruttojahresrente macht immerhin 5,7 Prozent der Beitragssumme aus.

Privat krankenversicherte Rentner mit Rentenbeginn in 2023 kommen sogar auf monatlich 394 Euro einschließlich Zuschuss zur privaten Krankenversicherung. Der anfängliche Rentensatz steigt auf 6,2 Prozent der Beitragssumme. Wenn der Neurentner des Jahres 2023 noch 20 Jahre lang lebt und die Renten jährlich um durchschnittlich zwei Prozent steigen, kann er mit einer Rentensumme von knapp 115.000 Euro rechnen, die 50 Prozent über der Beitragssumme liegt.

Ähnlich sieht die Beispielrechnung aus, wenn von 2018 bis 2022 immer nur der Durchschnittsbeitrag in Höhe von 18,6 Prozent des Durchschnittsentgelts gezahlt wird. Aus einer Beitragssumme von 30.689 Euro ist dann mit einer gesetzlichen Rente von monatlich 179 Euro brutto oder 192 Euro einschließlich PKV-Zuschuss für privat krankenversicherte Rentner zu rechnen. Gesetzlich krankenversicherte Rentner kommen allerdings nach Abzug des Beitrags zur gesetzlichen Kranken- und Pflegerversicherung nur auf einen Rentenzahlbetrag von 159 Euro.

Freiwillige Beiträge zur gesetzlichen Rente lohnen sich in aller Regel ganz besonders für Ältere aus der Gruppe 55plus. Wenn Sie also zu den Geburtsjahrgängen bis 1963 gehören und in 2018 mindestens 55 Jahre alt sind, verbleiben nur noch höchstens zwölf Jahre bis zum Erreichen der Regelaltersrente. Doch auch für privat Krankenversicherte, die 50 bis 54 Jahre alt werden (also Jahrgänge 1964 bis 1968) im Jahr 2017, können freiwillige Beiträge noch lohnend sein.

Auch wer erst in 2031 mit 67 Jahren in Rente geht, weil er zum geburtenstärksten Jahrgang 1964 gehört, sollte daher die fünf guten Rentenjahre von 2018 bis 2022 bereits für Beitragszahlungen nutzen. Ab 2023 könnten die freiwilligen Beiträge dann reduziert oder gar bis zu der erst in 2031 beginnenden Regelaltersrente ausgesetzt werden.

Rund 90 Prozent der Beamten sind gesetzlich krankenversichert. Gesetzlich Krankenversicherte ab 60 Jahren fahren trotz der Belastung mit Beiträgen zur gesetzlichen Kranken- und Pflegeversicherung in der Rentenphase ebenfalls noch gut mit freiwilligen Beiträgen zur gesetzlichen Rente. Sofern sie bisher noch nicht gesetzlich rentenversichert waren, sollten sie aber umgehend mit der Beitragszahlung über einen Zeitraum von fünf Jahren beginnen. Auf jeden Fall müssen sie die fünfjährige allgemeine Wartezeit bis zur Regelaltersgrenze noch schaffen. Gelingt ihnen dies nicht, verfällt der Rentenanspruch und sie erhalten auf Antrag nur die von ihnen selbst eingezahlten Beiträge erstattet. Sie können aber die freiwillige Beitragszahlung über die Regelaltersgrenze hinaus fortsetzen, um die geforderte Wartezeit von fünf Jahren doch noch zu erreichen.

Wer 55 Jahre alt ist oder älter, kann mit der Zahlung von freiwilligen Rentenbeiträgen kräftig Steuern sparen. Er muss bei einem Rentenbeginn bis 2029 nicht befürchten, dass die gesetzliche Rente zu hoch besteuert wird und er damit in die Falle der Doppelbesteuerung gerät.

Freiwillige Beiträge zur gesetzlichen Rente sind in den Jahren 2018 bis 2022 zu 86 bis 94 Prozent steuerlich abzugsfähig, also im Schnitt zu 90 Prozent. Da der Besteuerungsanteil der gesetzlichen Rente bei einem Rentenbeginn in 2023 bis 2029 während der gesamten Rentendauer zwischen 83 und 89 Prozent liegt, wird die anfängliche Rente also im Vergleich zu den steuerlich abzugsfähigen Rentenbeiträgen nicht zu hoch besteuert. Allerdings sind die jährlichen Rentensteigerungen immer voll steuerpflichtig.

Die steuerlichen Höchstbeträge für Altersvorsorgeaufwendungen sind zu beachten. Im Jahr 2018 liegt dieser Höchstbetrag für Beiträge zur gesetzlichen Rentenversicherung oder berufsständischen Versorgung der Freiberufler sowie für Beiträge zur Rürup-Rente zusammen bei 23.712 Euro für Alleinstehende nach der Grundtabelle oder 47.424 Euro für Verheiratete nach der Splittingtabelle.

Beamte müssen beachten, dass von dem steuerlichen Höchstbetrag von 23.712 bzw. 47.424 Euro zunächst ein fiktiver Pflichtbeitrag zur gesetzlichen Rentenversicherung in Höhe von 18,6 Prozent ihres Jahresbruttogehalts abgezogen wird. Maximal werden 12.945,60 Euro fiktiv abgezogen, sofern das Bruttogehalt im Westen mindestens 78.000 Euro und im Osten mindestens 69.600 Euro ausmacht.

Bei höher verdienenden und alleinstehenden Beamten bleibt somit steuerlich nur „Luft" für freiwillige Beiträge zur gesetzlichen Rente in Höhe von 10.766 Euro (= steuerlicher Höchstbetrag 23.712 Euro minus fiktiver Pflichtbeitrag 12.945,60 Euro).

Freiwillige Beiträge zur gesetzlichen Rente, die zusammen mit anderen steuerlich abzugsfähigen Beiträgen die steuerliche Höchstbetragsgrenze übersteigen, sind aus wirtschaftlicher und steuerlicher Sicht unrentabel, da der über dem Höchstbetrag liegende Teil der freiwilligen Beiträge überhaupt nicht steuerlich abzugsfähig ist.

In vielen Fällen ist eine individuelle Steuerplanung unerlässlich. Oft empfiehlt sich der Gang zum Steuerberater, damit das Steuersparen in der Beitragsphase optimal gelingt und die Steuerzahlungen in der Rentenphase nicht zu hoch ausfallen.

Rürup-Rente als Alternative?

Der Vergleich der gesetzlichen Rente aus freiwilligen Beiträgen mit der Rürup-Rente liegt nahe, da hierfür die gleichen Steuerregeln und übrigens auch die gleichen Rentenregeln (beide Renten sind nicht kapitalisierbar, nicht vererbbar, nicht übertragbar, nicht veräußerbar und nicht beleihbar) gelten.

Ein Vergleich der gesetzlichen Rente mit der Rürup-Rente sollte sinnvoller Weise zunächst auf die Bruttorenten beschränkt werden. Im Fall von privat krankenversicherten Rentnern ist zusätzlich noch der Zuschuss zur privaten Krankenversicherung in Höhe von 7,3 Prozent der Bruttorente zu berücksichtigen, während bei gesetzlich krankenversicherten Rentnern der Beitrag zur gesetzlichen Kranken- und Pflegeversicherung von der Bruttorente noch abzuziehen ist.

Bei regelmäßigen Beiträgen sollte sich der Vergleich zwischen gesetzlicher Rente und Rürup-Rente sowohl auf die garantierten Renten als auch auf die möglichen Renten beziehen.

In diesem Kapitel sind bereits Vergleichsrechnungen für gesetzliche Rente und Rürup-Rente erfolgt. Dabei wird von einem festen jährlichen Beitrag von 6.000 Euro ausgegangen. In Tabelle 7 und Tabelle 8 werden sowohl garantierte als auch mögliche Renten verglichen. Bei der Rürup-Rente wird zudem zwischen reinen Rürup-Altersrenten ohne Hinterbliebenabsicherung und Rürup-Renten mit Hinterbliebenenabsicherung unterschieden.

Klassische reine Rürup-Renten schließen höchstens eine Rentengarantiezeit von beispielsweise fünf oder zehn Jahren ein, aber keinen Anspruch auf Hinterbliebenenrente oder Berufsunfähigkeitsrente. Im Gegensatz dazu ist in der gesetzlichen Rente aus freiwilligen Beiträgen

immer auch ein Anspruch auf Witwen- oder Witwerrente für den über-
lebenden Ehegatten oder eingetragenen Lebenspartner enthalten.

Wenn die reine Altersrente aus einem Rürup-Vertrag mit der gesetzlichen Rente verglichen wird, schneidet die Rürup-Rente naturgemäß auf
dem Papier etwas besser ab. Dieser Vergleich ist aber nicht ganz fair, sofern der Bezieher einer gesetzlichen Rente verheiratet ist und der hinterbliebene Ehegatte oder eingetragene Lebenspartner bei seinem Ableben
noch eine Witwen- oder Witwerrente von 55 bis 60 Prozent der Altersrente des Verstorbenen erhält. Allerdings wird die Witwen- oder Witwerrente bei eigenem Einkommen eventuell gekürzt. Bei hohen Einkommen der
Witwe oder des Witwers kann die Witwen- oder Witwerrente sogar ganz
entfallen.

Ein fairer Vergleich von gesetzlicher Rente und Rürup-Rente bezieht
auch bei der Rürup-Rente eine Hinterbliebenenabsicherung mit ein.
Dadurch sinkt selbstverständlich die **Rürup-Rente mit Hinterbliebe-
nenschutz** im Vergleich zur reinen Altersrente ohne Hinterbliebenen-
schutz.

Sind Sie verheiratet und wird Ihr Ehegatte oder eingetragener Lebenspartner im Falle Ihres Ablebens höchstwahrscheinlich eine Witwen-
oder Witwerrente erhalten, sollten Sie freiwillige Beiträge zur gesetzlichen Rente konsequenterweise auch nur mit Beiträgen zur Rürup-Rente
einschließlich Hinterbliebenenabsicherung (zum Beispiel 55 bis 60 Prozent der eigenen Rürup-Rente wie bei Hannoversche Leben oder aus
dem Kapitalerhalt errechnete Hinterbliebenenrente wie bei Europa Leben) vergleichen.

Vergleiche zwischen gesetzlicher Rente aus freiwilligen Beiträgen
und Rürup-Rente können Aufschluss darüber geben, welche der beiden
Renten im Einzelfall lohnender ist. Folgende Regel beim Vergleich von
gesetzlicher Rente und Rürup-Rente gilt dabei: Je länger die Beitragsdauer, umso stärker wirkt der Zinseszinseffekt zugunsten der Rürup-Rente.
Jüngere unter 45 Jahren fahren mit der Rürup-Rente daher besser. Dies
gilt insbesondere dann, wenn sie als Rentner in der KVdR (Krankenversi-

cherung der Rentner) gesetzlich krankenversichert sind und nicht nur freiwillig gesetzlich versichert.

Die gesetzliche Rente brutto schlägt jedoch die Rürup-Rente bei rentennahen Freiberuflern und pensionsnahen Beamten mit einer Beitragsdauer von fünf bis weniger als 15 Jahren, sofern der spätere Rentner privat krankenversichert ist.

Noch deutlich besser würde die gesetzliche Rente aus freiwilligen Beiträgen im Vergleich zur Rente aus einer privaten Rentenversicherung abschneiden, da die freiwilligen Beiträge zur gesetzlichen Rente zum allergrößten Teil steuerlich abzugsfähig sind. Der Steuervorteil der Privatrente in der Rentenphase mit einem steuerlichen Ertragsanteil von nur 18 Prozent bei einem 65-jährigen Rentner gleicht den Nachteil der fehlenden steuerlichen Abzugsfähigkeit der laufenden Beiträge bei weitem nicht aus. Exakte Vergleiche sind infolge dieser unterschiedlichen Steuerregelungen allerdings nur sinnvoll bei bestimmten Annahmen über die jeweiligen Steuersätze in der Beitrags- und Rentenphase.

Vor Steuern liegen die Privatrenten aus der privaten Rentenversicherung fast immer so hoch wie die Rürup-Renten. Nach Steuern wird die Rürup-Rente jedoch die Privatrente in aller Regel schlagen.

Vergleiche der gesetzlichen Rente mit der Privatrente bei einer Beitragsdauer (Einzahlung) von fünf und zehn Jahren sind zudem wenig sinnvoll, da bei regelmäßigen Beiträgen in der privaten Rentenversicherung eine Mindestlaufzeit von zwölf Jahren einzuhalten ist, um die Steuervorteile wie niedriger Ertragsanteil der Privatrente oder nur hälftige Besteuerung des Überschusses der Ablaufleistung über die Beitragssumme bei Ausüben des Kapitalwahlrechts zu sichern.

3.5. Freiwillige Beiträge für besondere Personengruppen

Nur Nicht-Pflichtversicherte können freiwillige Beiträge zur gesetzlichen Rente können zahlen. Dazu zählen:

- Beamte, Richter und Soldaten mit Anspruch auf eine Beamtenversorgung
- Freiberufler mit Anspruch auf eine berufsständische Versorgung
- Selbstständige ohne Pflichtversicherung
- Nicht erwerbstätige Personen
- Frührentner ohne versicherungspflichtigen Hinzuverdienst.

In den folgenden Unterkapiteln wird auf einige Besonderheiten bei diesen insgesamt fünf Gruppen eingegangen.

3.5.1. Freiwillige Beiträge für Beamte

Rund 1,8 Millionen Beamte, Richter und Soldaten sind versicherungsfrei[15], da sie im Ruhestand Anspruch auf Versorgungsbezüge (Pensionen) haben. Sie können sich seit 11.8.2010 zusätzlich freiwillig in der gesetzlichen Rentenversicherung versichern.

Ausgerechnet über die gesetzliche Rente für Beamte (Richter und Soldaten seien damit eingeschlossen) kursieren jedoch die wildesten Gerüchte. Mal wird behauptet, Beamte dürften überhaupt keine gesetzliche Rente bekommen, da sie ja bereits eine Pension erhielten. Dann wird erzählt, die gesetzliche Rente würde später auf die Pension angerechnet und dann zur Kürzung der Pension führen. Und immer wieder wird der spätestens seit dem 11.8.2010 bestehende Irrtum verbreitet, nur ganz be-

---

[15] § 5 Abs. 1 SGB VI, siehe https://www.gesetze-im-internet.de/sgb_6/__5.html

stimmte Beamte dürften überhaupt freiwillige Beiträge zur gesetzlichen Rente zahlen.

Im Folgenden werden daher zunächst die drei wichtigsten Halbwahrheiten und Irrtümer den nachweisbaren Tatsachen gegenüber gestellt. Auch bei der gesetzlichen Rente sollten nur Fakten zählen und keine Gerüchte oder bloße Vermutungen. Entweder ist etwas richtig oder falsch. Es stimmt oder es stimmt nicht.

1. Beamtenpension und gesetzliche Rente

Halbwahrheit:

Beamte erhalten keine gesetzliche Rente, sondern „nur" eine Beamtenpension.

Tatsache ist:

Laut Alterssicherungsbericht 2016 der Bundesregierung erhält jeder dritte Beamte später außer der Beamtenpension zusätzlich noch eine gesetzliche Rente, da er vor Berufung in das Beamtenverhältnis Angestellter im öffentlichen Dienst oder in der Privatwirtschaft und damit rentenversicherungspflichtig war.

Nur-Beamte, die nie rentenversicherungspflichtig waren und auch keine freiwilligen Beiträge zur gesetzlichen Rente gezahlt haben, bekommen auch nur ihre Beamtenpension und keine zusätzliche gesetzliche Rente.

2. Freiwillige Beiträge von Beamten

Irrtum:

Beamte dürfen keine freiwilligen Beiträge zur gesetzlichen Rente zahlen.

Tatsache ist:

Seit der Gesetzesänderung vom 11.8.2010 kann sich jeder Beamte – also auch der Nur-Beamte, der vorher nie pflichtversichert war – freiwillig in der gesetzlichen Rentenversicherung versichern und somit freiwillige Beiträge zur gesetzlichen Rente zahlen. Vorher war dies nur möglich, wenn er aufgrund einer sozialversicherungspflichtigen Tätigkeit bereits die Wartezeit von fünf Jahren durch Zahlung von Pflichtbeiträgen erfüllt hatte[16].

3. Anrechnung von gesetzlicher Rente auf Beamtenpension

Halbwahrheit:

Die gesetzliche Rente von Beamten wird auf die Pension angerechnet. Dadurch kommt es in vielen Fällen zur Kürzung der Beamtenpension. Leider findet sich auch in den beiden Merkblättern V0061 und V0062 der Deutschen Rentenversicherung zur freiwilligen Versicherung folgende für Beamte wenig hilfreiche und daher missverständliche Formulierung: *„Wenn Sie aufgrund der Gewährleistung von Versorgungsanwartschaften versicherungsfrei sind (z.B. als Beamter, Richter oder Soldat), möchten wir Sie darauf aufmerksam machen, dass sich in vielen Fällen ein Rentenbezug mindernd auf Versorgungsbezüge auswirken kann. Für weitergehende Informationen empfehlen wir Ihnen, sich mit Ihrem Dienstherrn oder Ihrer Versorgungsdienststelle in Verbindung zu setzen"[17].*

Auch in den offiziellen Rechtsanweisungen bleibt es bei dieser Halbwahrheit, wie die folgenden mit gleich drei Paragrafen „geschmückten"

---

[16] Quellen: § 7 Abs. 1 SGB VI neue Fassung ab 11.8.2010 sowie § 7 Abs. 1 und 2 gültige alte Fassung bis 10.8.2010

[17] http://www.deutsche-rentenversicherung.de/Allgemein/de/Inhalt/5_Services/04_formulare_und_antraege/_pdf/V0061.pdf?__blob=publicationFile&v=22

Hinweise zeigen: „*Soweit nach § 5 Abs. 1 Satz 1 SGB VI versicherungsfreie Personen von der für sie seit 11.8.2010 geltenden Regelung des § 7 SGB VI Gebrauch machen wollen, sind sie auf die möglichen Auswirkungen der Rentenzahlungen auf die Versorgung zum Beispiel nach § 55 BeamtVG hinzuweisen. Verbindliche Auskünfte können jedoch nur der Dienstherr bzw. die zuständige Versorgungsdienststelle erteilen*".

Tatsache ist:

Nur die gesetzliche Rente aus <u>Pflichtbeiträgen</u> kann auf die Pension angerechnet werden. Es kommt nur dann zur Kürzung der Pension, wenn die Summe aus Beamtenpension und der aus Pflichtbeiträgen stammenden gesetzlicher Rente höher als das Höchstruhegehalt abzüglich evtl. Versorgungsabschläge ausfällt.

Die gesetzliche Rente aus <u>freiwilligen Beiträgen</u> kann niemals zur Kürzung der Pension führen, falls der freiwillig versicherte Beamte den Beitrag ganz allein finanziert[18].

Der in den Rechtsanweisungen erwähnte Paragraf 55 des Beamtenversorgungsgesetzes stellt in Absatz 4 Satz 1 Ziffer 2 klar, dass der Teil der gesetzlichen Rente, der „*dem Verhältnis der Entgeltpunkte für freiwillige Beiträge zu der Summe der Entgeltpunkte für freiwillige Beiträge, Pflichtbeiträge, Ersatzzeiten, Zurechnungszeiten und Anrechnungszeiten entspricht*", nicht auf die Beamtenpension angerechnet werden darf.

Zwar steht im genannten Paragrafen der Zusatz „*Dies gilt nicht, soweit der Arbeitgeber mindestens die Hälfte der Beiträge oder Zuschüsse in dieser Höhe geleistet hat*". Es dürfte jedoch in ganz Deutschland keinen einzigen öffentlichen Arbeitgeber oder Dienstherrn geben, der den ehemali-

---

[18] Quellen: § 55 Abs. 1 und 2 i.V.m. § 14 Abs. 3 BeamtVG für gesetzliche Rente aus Pflichtbeiträgen sowie § 55 Abs. 4 BeamtVG für gesetzliche Rente aus freiwilligen Beiträgen, siehe

https://www.gesetze-im-internet.de/beamtvg/__55.html

gen Arbeitnehmern und heutigen Beamten die Hälfte seiner freiwilligen Beiträge mitfinanziert.

Es bleibt also dabei: Eine Anrechnung der gesetzlichen Rente aus freiwilligen Beiträgen auf die Beamtenpension unterbleibt, soweit sie auf einer überwiegend vom Arbeitnehmer bzw. Beamten finanzierten freiwilligen Versicherung beruht. Dies hat auch das Urteil des Verwaltungsgerichts Koblenz vom 12.8.2016 (Az. 5 K 280/16,KO) klargestellt.

Leider wird der Anteil der Entgeltpunkte aus freiwilligen Beiträgen im Verhältnis zu den Gesamtentgeltpunkten in Rentenauskünften und späteren Rentenbescheiden der Deutschen Rentenversicherung nicht ausdrücklich ermittelt. Bei den Gesamtentgeltpunkten werden zwar die Entgeltpunkte für Beitragszeiten genannt. Dabei wird aber nicht zwischen Entgeltpunkten für Pflichtbeitragszeiten und Entgeltpunkten für Zeiten mit freiwilligen Beiträgen unterschieden.

Der Beamte, der freiwillige Beiträge zahlt und später eine gesetzliche Rente bezieht, muss also wohl oder übel diesen Anteil selbst berechnen und seiner zuständigen Versorgungsdienststelle eine plausible und nachvollziehbare Berechnung nebst Rentenbescheid zusenden.

Diese Berechnung erfolgt, indem die Entgeltpunkte aus freiwilligen Beiträgen in Prozent der Gesamtentgeltpunkte des Rentenbescheids ausgedrückt werden. Liegt dieser Anteil beispielsweise bei 30 Prozent der gesetzlichen Rente, bleibt der aus freiwilligen Beiträgen stammende Rentenanteil von einer Anrechnung auf die Beamtenpension auf jeden Fall verschont.

Dies ist auch völlig logisch, da auch aus eigenen Beiträgen finanzierte Riester-Renten, Rürup-Renten oder Renten aus der privaten Rentenversicherung nicht auf die Beamtenpension angerechnet werden. Etwas anderes gilt nur für Zusatzrenten aus dem öffentlichen Dienst, weil es sich dabei um eine Pflichtversicherung handelt.

Darüber hinaus gibt es noch eine steuerliche Besonderheit für Beamte, die auf keinen Fall übersehen werden darf. Der **steuerliche Höchstbetrag** für Altersvorsorgeaufwendungen zur gesetzlichen Rente und Rürup-Rente enthält auch den fiktiven Beitrag des Beamten in Höhe von 18,6 Prozent seines Bruttogehalts, maximal 18,6 Prozent der Beitragsbemessungsgrenze in der gesetzlichen Rentenversicherung Ost von 69.600 Euro in 2018. Laut Schreiben des Bundesfinanzministeriums vom 19.8.2013 gilt die Beitragsbemessungsgrenze Ost in diesem speziellen Fall aus Vereinfachungsgründen für das gesamte Bundesgebiet, also auch für West-Beamte.

Dazu ein Beispiel: Der steuerliche Höchstbetrag macht 23.761 Euro für Ledige und 47.522 Euro für Verheiratete mit Zusammenveranlagung in 2018 aus. Wenn der Beamte 60.000 Euro brutto im Jahr 2018 verdient, sind davon fiktiv 18,6 Prozent zu berechnen. Diese 11.160 Euro müssen dann vom steuerlichen Höchstbetrag abgezogen werden, so dass für Ledige in diesem Beispiel nur noch „Luft" für 12.601 Euro verbleibt.

Nur noch 10.815 Euro wären es für Ledige, deren Jahresbruttogehalt über 69.600 Euro in 2018 hinausgeht. Dies sind immerhin 3.693 Euro weniger als der Höchstbetrag von 14.508 Euro in der freiwilligen Versicherung. Daher wäre es aus steuerlichen Gründen optimal, den freiwilligen Beitrag in diesem Spezialfall auf höchstens 10.815 Euro in 2018 zu begrenzen.

3.5.2. Freiwillige Beiträge für Freiberufler

Fast eine Million Freiberufler (Ärzte, Zahnärzte, Rechtsanwälte, Notare, Steuerberater, Wirtschaftsprüfer und Architekten) sind Mitglieder einer berufsständischen Kammer und haben im Ruhestand Anspruch auf eine berufsständische Versorgung[19]. Auch sie können seit 11.8.2010 freiwillige Beiträge zur gesetzlichen Rente zahlen.

Laut ABV (Arbeitsgemeinschaft berufsständischer Versorgungseinrichtungen e.V.) gab es Ende 2015 rund 955.000 beitragszahlende Mitglie-

---

[19] § 6 Abs. 1 Nr. SGB VI, siehe https://www.gesetze-im-internet.de/sgb_6/__6.html

der in den Versorgungskassen. Darunter waren 380.000 selbstständige Freiberufler.

Mit rund 535.000 Mitgliedern machten Ärzte, Zahnärzte und Tierärzte die größte Gruppe unter den Freiberuflern aus. Rechtsanwälte und Notare zählten mit rund 175.000 Mitgliedern zur zweitstärksten Gruppe. Die übrigen 245.000 Mitglieder verteilten sich auf 48.000 Steuerberater und Wirtschaftsprüfer, 124.000 Architekten und 73.000 Apotheker.

Knapp die Hälfte der Freiberufler sind Frauen. Bei den freiberuflich tätigen Tierärzten und Apothekern dominieren die Frauen zahlenmäßig. Freiwillige Beiträge lohnen sich insbesondere für Freiberuflerinnen mit Kindern, da Kindererziehungszeiten in der berufsständischen Versorgung nicht berücksichtigt werden und somit die berufsständische Rente (zum Beispiel Ärzte- oder Apothekerrente) nicht erhöhen.

Einer Apothekerin mit vor 1992 geborenen Kindern ist es unter anderem zu verdanken, dass es zur Gesetzesänderung vom 11.8.2010 kam. Sie hatte ihr Recht, Kindererziehungszeiten in der gesetzlichen Rentenversicherung anrechnen zu lassen und die fehlenden Jahre durch freiwillige Beiträge aufzufüllen, beim Bundessozialgericht erstritten.

Wer ein ab 1992 geborenes Kind erzogen hat, bekommt in der gesetzlichen Rentenversicherung bereits drei Kindererziehungsjahre als Pflichtbeitragszeiten angerechnet. Dies führt zu drei Entgelt- bzw. Rentenpunkten und damit zu einem vorläufigen Rentenanspruch von zurzeit 93 Euro brutto.

Um eine Regelaltersrente nach fünfjähriger Wartezeit zu erhalten, sind also nur 24 monatliche freiwillige Beiträge für die fehlenden zwei Jahre erforderlich. Sofern der freiwillige Beitrag so hoch ist wie ein Regelbeitrag in der gesetzlichen Rentenversicherung für Pflichtversicherte, kommen zwei Entgeltpunkte hinzu. Die zu erwartende Regelaltersrente macht dann rund 155 Euro monatlich im Westen aus. Bei zwei ab 1992 geborenen Kindern werden bereits sechs Jahre angerechnet, so dass ein Rentenanspruch von monatlich 186 Euro ohne Zahlung eines einzigen freiwilligen Beitrags entsteht.

Selbstverständlich können freiwillige Beiträge auch über die fünfjährige Wartezeit hinaus gezahlt werden. Da viele Ärzte, Rechtsanwälte und Steuerberater privat krankenversichert sind, erhalten sie noch einen Zuschuss in Höhe von 7,3 Prozent der Bruttorente zu ihrer privaten Krankenversicherung.

Steuerlich sollten Freiberufler darauf achten, dass die Summe aus freiwilligen Beiträgen zur gesetzlichen Rentenversicherung, Beiträgen zur berufsständischen Versorgung und evtl. Beiträgen zur Rürup-Rente nicht über den steuerlichen Höchstbetrag von beispielsweise 23.761 Euro für Ledige bzw. 47.522 Euro für Verheiratete in 2018 hinausgeht. Sinnvollerweise zieht man von diesem steuerlichen Höchstbetrag die gezahlten Beiträge zur berufsständischen Versorgung und zur Rürup-Rente ab, um den verbleibenden Restbeitrag für die freiwillige Versicherung in der gesetzlichen Rentenversicherung zu ermitteln.

3.5.3. Freiwillige Beiträge für nichtpflichtversicherte Selbstständige

Von den 4,2 Millionen Selbstständigen waren im Jahr 2015 nur 1,2 Millionen in einem verpflichtenden Alterssicherungssystem (gesetzliche Rentenversicherung, berufsständische Versorgung oder Alterssicherung der Landwirte). Die übrigen drei Millionen waren demnach in keinem System pflichtversichert.

In der gesetzlichen Rentenversicherung waren zudem nur 294.000 Selbstständige pflichtversichert. Sie verteilen sich auf folgende Gruppen: 177.000 Künstler und Publizisten, 50.000 Handwerker, 55.000 andere Selbstständige kraft Gesetzes und nur 12.000 pflichtversicherte Selbstständige auf eigenen Antrag.

Insbesondere die 2,3 Millionen **Solo-Selbstständigen**, die keine Mitarbeiter beschäftigen, waren ohne Pflichtversicherung. Sie wären gut beraten, zumindest freiwillige Beiträge in die gesetzliche Rentenversicherung einzuzahlen. Da sie es auch wegen fehlender finanzieller Mittel ganz überwiegend unterlassen, denkt die Politik über eine Rentenversicherungspflicht für diese Solo-Selbstständigen nach. Noch ist darüber aber keine Entscheidung gefallen.

Jeder zehnte Erwerbstätige ist selbstständig tätig und nicht abhängig beschäftigt als Arbeitnehmer oder Beamter. Unter den 4,2 Millionen Selbstständigen sind allein 774.000 selbstständige Handwerker, die in rund einer Million von Handwerksbetrieben tätig sind. Am Beispiel der selbstständigen Handwerker soll im Folgenden die Altersvorsorge für Selbstständige einmal näher beleuchtet werden.

Selbstständige Handwerker können nach 18 Jahren wählen

Selbstständige Gewerbetreibende in Handwerksbetrieben sind in der gesetzlichen Rentenversicherung pflichtversichert, freiwillig versichert oder gar nicht mehr versichert. Darunter sind 409.000 selbstständige Handwerker, die keine Arbeitnehmer beschäftigen und daher ebenfalls als Solo-Selbstständige bezeichnet werden.

Versicherungspflichtig sind nur selbstständige Handwerker, die einen Meistertitel führen und mit ihrem zulassungspflichtigen Handwerk laut Anhang A der Handwerksordnung in der Handwerksrolle eingetragen sind. Es kommt nicht darauf an, ob sie Solo-Selbstständige sind oder noch Arbeitnehmer beschäftigen.

Nur diese in der Handwerksrolle eingetragenen Handwerker mit erfolgreich abgeschlossener Meisterprüfung sind kraft Gesetzes pflichtversichert in der gesetzlichen Rentenversicherung[20]. Nach Erreichen von 18 Pflichtbeitragsjahren haben sie die Möglichkeit, weiterhin Pflichtbeiträge zu zahlen oder sich auf Antrag von der Versicherungspflicht befreien zu lassen.

Wer sich von der Rentenversicherungspflicht befreien lässt, kann sich freiwillig in der gesetzlichen Rentenversicherung weiter versichern,

---

[20] § 2 Abs. 2 SGB VI, siehe https://www.gesetze-im-internet.de/sgb_6/__2.html

als Antragspflichtversicherter später wieder beitreten oder auf andere Weise finanziell etwas für seine Altersvorsorge tun.

Erstaunlicherweise waren nur rund 50.000 selbstständige Handwerker im Jahr 2015 kraft Gesetzes pflichtversichert. Bis Ende 1991 hieß das noch „Handwerkerversicherung" und bildete einen eigenen Zweig innerhalb der gesetzlichen Rentenversicherung.

Da es darüber hinaus insgesamt nur insgesamt 12.000 Selbstständige gab, die sich auf Antrag pflichtversichert haben[21], waren höchstens acht Prozent der selbstständigen Handwerker in der gesetzlichen Rentenversicherung pflichtversichert.

Pflichtversicherte selbstständige Handwerker zahlen typischerweise einen **Regelbeitrag** von derzeit 566,37 Euro im Monat. Dies sind 18,6 Prozent der monatlichen Bezugsgröße von 3.045 Euro im Jahr 2018, sofern sie im Westen unternehmerisch tätig sind. Da die monatliche Bezugsgröße im Osten bei 2.695 Euro liegt, reduziert sich der Regelbeitrag dort auf 501,27 Euro.

Bis zum Ablauf von drei Jahren nach Aufnahme der selbstständigen Tätigkeit ist nur der **halbe Regelbeitrag** von aktuell 283,18 Euro im Westen bzw. 250,63 Euro im Osten zu zahlen, wenn der Pflichtversicherte nicht ausdrücklich die Zahlung des vollen Regelbeitrags wünscht.

Abweichend vom vollen oder halben Regelbeitrag kann jedoch ein **individueller Pflichtbeitrag** entrichtet werden, der von der Höhe der tatsächlichen Einkünfte aus Gewerbebetrieb bzw. aus selbstständiger Tätigkeit abhängt und durch Vorlage des letzten Einkommensteuerbescheids nachzuweisen ist. Dieser von den persönlichen Einkommensverhältnissen abhängige Pflichtbeitrag muss bei mindestens 83,70 Euro im Monat liegen und darf beispielsweise im Jahr 2018 den Höchstbeitrag von monatlich 1.209 Euro im Westen nicht überschreiten.

---

[21] sog. Antragspflichtversicherte nach § 4 Abs. 2 SGB VI, siehe https://www.gesetze-im-internet.de/sgb_6/__4.html

Die meisten pflichtversicherten selbstständigen Handwerker werden den Regelbeitrag von jährlich 6.796,44 Euro im Jahr 2018 zahlen. Davon können sie dann 5.845 Euro, also 86 Prozent, unter Altersvorsorgeaufwendungen steuerlich absetzen.

Wer als selbstständiger Handwerksmeister bereits 18 Pflichtbeitragsjahre hinter sich gebracht hat oder demnächst hinter sich bringen wird, steht vor der Wahl: Weiter pflichtversichert bleiben oder sich von der Versicherungspflicht befreien lassen? Sofern er sich befreien lässt, steht dann eine weitere Entscheidung an: Freiwillige Versicherung oder anderweitige private Altersvorsorge?

Besser ist es, so früh wie möglich Vor- und Nachteile abzuwägen und sich dann entweder für die Pflichtversicherung oder die freiwillige Versicherung zu entscheiden.

Ein kompletter Verzicht auf eine Weiterversicherung ist nicht ratsam, da man auch mit freiwilligen, monatlichen Mindestbeiträgen von zurzeit 83,70 Euro rentenrechtliche Zeiten aufbauen kann. Im Jahr 2015 gab es in Deutschland insgesamt nur rund 241.000 freiwillig Versicherte. Wie viele davon selbstständige Handwerker waren, ist leider nicht bekannt.

Wie wichtig eine freiwillige Versicherung sein kann, zeigt folgendes Beispiel: Die abschlagsfreie Rente ab 63 für besonders langjährig Versicherte setzt 45 Versicherungsjahre voraus. Jahre mit freiwilligen Beiträgen zählen dabei mit, sofern mindestens 18 Pflichtbeitragsjahre vorliegen. Dieser Zusatz wurde kurz vor Verkündung des entsprechenden Gesetzes Ende Juni 2014 mit Blick auf selbstständige Handwerker, die sich nach 18 Pflichtbeitragsjahren weiterhin freiwillig versichert haben, ganz bewusst hinein geschrieben.

Im Übrigen zählen alle freiwilligen Beitragsjahre mit bei der abschlagspflichtigen Rente mit 63 für langjährig Versicherte und schwerbehinderte Menschen. Die Wartezeit für diese Frührenten beträgt nur 35 Jahre, wobei keine Mindestanzahl von Pflichtbeitragsjahren verlangt wird.

Pro und contra freiwillige Versicherung für selbstständige Handwerker

Für die freiwillige Versicherung spricht die große Flexibilität bei der Beitragshöhe. Zwischen dem Mindestbeitrag von jährlich 1.004,40 Euro und dem Höchstbeitrag von jährlich 14.508 Euro (Beispiel für 2018 im Westen) ist jede Beitragshöhe möglich. Der selbstständige Handwerker, der sich von der Versicherungspflicht nach 18 Pflichtbeitragsjahren hat befreien lassen, kann die Höhe des Beitrags auch jederzeit ändern. Er muss also keine Einkommensnachweise vorlegen.

Gegen die freiwillige Versicherung spricht, dass bereits nach Ablauf von drei Jahren mit freiwilligen Beiträgen der Anspruch auf Erwerbsminderungsrente erlischt. Dies kann der selbstständige Handwerker dann in Kauf nehmen, wenn er bereits eine ausreichende private **Berufsunfähigkeitsversicherung** abgeschlossen hat. Die Beiträge hierfür sind jedoch bei Handwerksberufen, in denen häufiger mit Berufsunfähigkeit zu rechnen ist, deutlich höher im Vergleich zu Büroberufen.

Eine private **Erwerbsunfähigkeitsversicherung** kostet deutlich weniger. Allerdings zahlt sie nur für den Fall, dass auch außerhalb des erlernten Berufs keinerlei Tätigkeit mehr ausgeübt werden kann, die über drei Stunden am Tag hinausgeht. Die Berufsunfähigkeitsversicherung zahlt schon dann, wenn man nicht mehr im erlernten Beruf tätig sein kann.

Pro und contra Antragspflichtversicherung

Eine Pflichtversicherung auf Antrag des selbstständigen Handwerkers oder eines anderen nicht kraft Gesetzes pflichtversicherten Selbstständigen bietet den Vorteil, dass der Anspruch auf **Erwerbsminderungsrente** (mindestens drei Pflichtbeitragsjahre in den letzten fünf Jahren vor Eintritt der Erwerbsminderung) bestehen bleibt. Dies ist besonders wichtig, wenn er wegen einer Vorerkrankung keinen Versicherer findet, über den er eine Berufsunfähigkeitsversicherung abschließen kann, oder ein Abschluss nur mit einem sehr hohen Prämienzuschlag möglich ist. Für Pflichtversicherte in der gesetzlichen Rentenversicherung gibt es bekanntlich keine Gesundheitsprüfung.

Eine volle Erwerbsminderungsrente wird jedoch nur dann gezahlt, wenn der Rentner nicht länger als drei Stunden am Tag arbeitet. Nur wer vor 1961 geboren ist, hat noch Anspruch auf die **gesetzliche Berufsunfähigkeitsrente** in Höhe der halben Erwerbsminderungsrente. Sie lässt eine Tätigkeit außerhalb des erlernten Berufs noch zu, die dann auch mehr als drei Stunden am Tag ausmachen kann.

Nachteilig bei der Antragspflichtversicherung ist jedoch die Tatsache, dass die Pflichtversicherung bis zur Aufgabe der selbstständigen Erwerbstätigkeit bestehen bleiben muss nach dem Motto „Einmal pflichtversichert, immer pflichtversichert".

3.5.4. Freiwillige Beiträge für nicht erwerbstätige Personen

Wer nicht erwerbstätig ist, wird in der Regel auch nicht pflichtversichert sein. Aber keine Regel ohne Ausnahme: Für Bezieher von bestimmten Sozialleistungen wie Arbeitslosengeld I und Krankengeld werden von den zuständigen Leistungsträgern Pflichtbeiträge an die gesetzliche Rentenversicherung gezahlt. Die Agentur für Arbeit überweist für Zeiten mit Arbeitslosengeld I (grundsätzlich ein Jahr, aber zwei Jahre bei mindestens 58-jährigen Arbeitslosen) Pflichtbeiträge in Höhe von 80 Prozent des zuletzt verdienten Bruttogehalts.

Auch Zeiten der nicht erwerbsmäßigen häuslichen Pflege von Angehörigen sind Pflichtbeitragszeiten und führen je nach Pflegeaufwand zu Rentenansprüchen der Pflegenden, die dadurch ebenfalls pflichtversichert werden.

Minijobber sind ebenfalls pflichtversichert, sofern sie die Versicherungspflicht nicht ausdrücklich abwählen und daher einen Aufstockungsbeitrag von 3,7 Prozent des Minijob-Lohns zahlen.

Mütter, deren Kinder nach 1991 geboren wurden, erhalten drei Jahre für die Kindererziehung in der gesetzlichen Rentenversicherung angerechnet. Diese werden wie Pflichtbeiträge gewertet und führen für jedes Kind zu drei Entgelt- bzw. Rentenpunkten. Für vor 1992 geborene Kinder beträgt die auf die gesetzliche Rente angerechnete Kindererziehungszeit nach Einführung der Mütterrente ab 1.7.2014 zwei Jahre statt vorher nur ein Jahr.

Wichtig: Berücksichtigungszeiten für die Zeit vom vierten bzw. dritten bis zum zehnten Lebensjahr des Kindes zählen zwar als Anrechnungszeiten bei der Wartezeit mit, sind selbst aber keine Beitragszeiten.

Mütter, die nach Ende der drei- oder zweijährigen Kindererziehungszeit nicht wieder in ihren Beruf zurückkehren oder eine andere Erwerbstätigkeit aufnehmen, sind in diesen Jahren also nicht pflichtversichert. Sie können dann freiwillige Beiträge zur gesetzlichen Rente ab einem Mindestbeitrag von zurzeit 83,70 Euro im Monat zahlen. Damit erhöhen sie sowohl die Anzahl der Beitragsjahre als auch ihren Rentenanspruch.

Hausfrauen und Mütter vor allem aus der älteren Generation stellen immer noch die größte Gruppe unter den nicht erwerbstätigen Personen dar. Ihnen kann nur dringend empfohlen werden, freiwillige Beiträge zur gesetzlichen Rente zu zahlen. Dies gilt insbesondere für ab 1955 geborene Mütter, denen die Nachzahlung von Beiträgen für fehlende Zeiten auf einen Schlag (siehe Kapitel 5.2) verwehrt wird.

Für nicht erwerbstätige Hausmänner und Väter gilt das Gleiche. Zwar liegt ihre Zahl deutlich niedriger im Vergleich zu Hausfrauen und Müttern. Sie steigt aber in den letzten Jahren deutlich an, da Haushalt und Kindererziehung immer häufiger auch von Männern übernommen werden.

Nicht-Erwerbstätige, die sich eine Auszeit zum Beispiel für eine Weltreise oder ein intensives Hobby nehmen, könnten ebenfalls freiwillige Beiträge zur gesetzlichen Rente zahlen, sofern keine Pflichtbeiträge für die Freistellungsphase bei der Altersteilzeit oder ein Sabbatjahr entrichtet werden und entsprechende Geldreserven vorhanden sind.

3.5.5. Freiwillige Beiträge für Frührentner

Ab 1.1.2017 können auch Frührentner, die keinen versicherungspflichtigen Nebenjob haben, freiwillige Beiträge zur gesetzlichen Rente leisten und damit ihre Rente weiter erhöhen. Laut Flexirentengesetz ist dies nun erstmals möglich.[22] Bis Ende 2016 waren freiwillige Beiträge nach Bewilligung einer Vollrente wegen Alters, zu der auch eine vorzeitige Rente zählte, nicht erlaubt.

Wer beispielsweise als ehemals pflichtversicherter Arbeitnehmer bereits eine vorgezogene Altersrente (zum Beispiel abschlagspflichtige Rente mit 63 nach 35 Versicherungsjahren) bezieht, kann freiwillige Beiträge noch bis zum Erreichen des Monats zahlen, in dem er die Regelaltersgrenze erreicht.

Hierzu ein Originalbeispiel: Ein im Dezember 1954 geborener Versicherter geht ab 1.1.2018 mit 63 Jahren und 9,6 Prozent Rentenabschlag in Rente. Sein Rentenabschlag macht rund 200 Euro aus. Als Frührentner kann er noch freiwillige Beiträge bis zum Ende des Monats zahlen, in dem er die Regelaltersgrenze von 65 Jahren und 8 Monaten erreicht, also bis Ende August 2020.

Die Zahlung von freiwilligen Beiträgen in den Jahren 2018, 2019 und 2020 lohnt sich, um den Rentenabschlag noch nachträglich durch Zahlung von freiwilligen Beiträgen um beispielsweise die Hälfte zu reduzieren, also auf beispielsweise 100 Euro nach heutigem Stand. Dafür wären rund 22.700 Euro an freiwilligen Beiträgen zu zahlen, verteilt auf die Jahre 2018, 2019 und die Zeit vom 1.1. bis 31.8.2020.

Alternativ dazu wäre auch die Einmalzahlung eines Ausgleichsbetrags von rund 25.100 Euro möglich. Dadurch könnte der halbe Rentenabschlag von 100 Euro sofort ab 1.1.2018 ausgeglichen werden und nicht erst ab 1.9.2020. Der um 2.400 Euro höhere Ausgleichsbetrag ist der Preis für dieses zeitlich vorgezogene Rentenplus.

---

[22] § 7 Abs. 2 SGB VI, NEU ab 1.7.2017, a.a.O.

Die Zahlung von freiwilligen Beiträgen über insgesamt 32 Monate ist jedoch wesentlich flexibler als die Einmalzahlung des Ausgleichsbetrags bereits in 2018. Also entscheidet sich dieser Frührentner für die freiwillige Versicherung.

Ein weiteres Originalbeispiel: Eine im Oktober 1953 geborene Frau ging am 1.1.2017 vorzeitig in Rente, allerdings nach über 45 Versicherungsjahren abschlagsfrei. Ein Ausgleichsbetrag scheidet aus, da sie keinen Rentenabschlag in Kauf nehmen muss. Sie kann aber bis zum Erreichen der Regelaltersgrenze im Mai 2019 freiwillige Beiträge zur gesetzlichen Rente zahlen. Sofern sie für insgesamt 29 Monate immer den jeweiligen Höchstbeitrag zahlt, kommt sie auf eine Beitragssumme von 35.082 Euro für die Zeit vom 1.1.2017 bis 31.5.2019.

Das mögliche Rentenplus ab 1.7.2019 liegt bei 162 Euro brutto, sofern man die Vorschaurechnung über Beitragsbemessungsgrenzen, Durchschnittsentgelte und aktuelle Rentenwerte West im Rentenversicherungsbericht 2017 der Bundesregierung zugrunde legt. Das Rentenplus für das erste volle Jahr vom 1.7.2019 bis 30.6.2020 macht 1.948 Euro und damit 5,6 Prozent der Beitragssumme aus. Ist diese Frührentnerin privat krankenversichert, sind es sogar 2.090 Euro und damit 6 Prozent der Beitragssumme.

Rentenplus aus freiwilligen Beiträgen von Frührentnern

Frührentner ohne rentenversicherungspflichtigen Hinzuverdienst können künftig also noch bis zum Erreichen der Regelaltersgrenze freiwillige Beiträge zur gesetzlichen Rente zahlen. Dies gilt auch für versicherungsfreie Minijobs. Es muss sich immer um eine vorgezogene Vollrente wegen Alters handeln.

Die Neuregelung war zwingend notwendig, da ab 1.1.2017 sozialversicherungspflichtige Frührentner bei Weiterarbeit Pflichtbeiträge bis zum Erreichen der Regelaltersgrenze zahlen. Um versicherungsfreie Frührentner nicht zu benachteiligen, wird ihnen analog dazu die Möglichkeit zur freiwilligen Versicherung eingeräumt.

Da die vorgezogenen Altersrenten für Frauen sowie nach Arbeitslosigkeit oder wegen Altersteilzeit für alle ab 1952 geborenen Versicherten Ende 2016 praktisch ausgelaufen sind, kommen ab 1.1.2017 nur noch drei vorgezogene Altersvollrenten als Frührenten im engeren Sinne infrage:

- abschlagspflichtige Altersrente ab 63 für langjährig Versicherte mit rentenrechtlichen Zeiten von mindestens 35 Jahren
- abschlagspflichtige Altersrente ab 63 für schwerbehinderte Menschen mit rentenrechtlichen Zeiten von mindestens 35 Jahren
- abschlagsfreie Altersrente ab 63 für besonders langjährig Versicherte mit mindestens 45 Versicherungsjahren.

Vor 2017 konnten nur Erwerbsminderungsrentner und Teilrentner freiwillige Beiträge zur gesetzlichen Rente bis zum Erreichen der Regelaltersgrenze zahlen. Dies wurde aber nur in sehr begrenztem Maße in Anspruch genommen. Erwerbsminderungsrentner hatten in aller Regel nicht das notwendige Geld dazu und die insgesamt lediglich 4.000 Teilrentner unter den vorgezogenen Altersrentnern stellten eine fast zu vernachlässigende Minderheit dar.

Freiwillige Beiträge neben einem versicherungsfreien Minijob von bis zu 450 Euro monatlich sind erlaubt. Wer sich als neuer Frührentner mit Minijob durch schriftliche Erklärung gegenüber seinem Arbeitgeber ausdrücklich von der Rentenversicherungspflicht hat befreien lassen, ist selbst nicht pflichtversichert. Daran ändert auch die Tatsache nichts, dass der Arbeitgeber auch bei versicherungsfreien Minijobs einen Beitrag von 15 Prozent des Minijob-Lohns zahlt, der ab 1.1.2017 rentensteigernd wirkt.

Da die freiwillige Versicherung von Frührentnern bis zum Erreichen der Regelaltersgrenze gilt, können sich auch Frührentner freiwillig versichern, die bereits vor dem 1.1.2017 in Rente gegangen sind. Auch für sie gelten die Regeln über ein Rentenplus aus freiwilligen Beiträgen.

Wer beispielsweise im Mai 1953 geboren und am 1.6.2016 mit 63 Jahren als langjährig Versicherter oder Schwerbehinderter frühzeitig in Rente gegangen ist, kann noch in den Jahren 2017 und 2018 freiwillige Beiträge zur gesetzlichen Rente zahlen. Ende 2018 endet der Monat, in dem er die für ihn gültige Regelaltersgrenze von 65 Jahren und 7 Monaten erreicht. Ab dem 1.1.2019 würde er dann die um das Rentenplus aus den freiwilligen Beiträgen erhöhte gesetzliche Rente erhalten.

Zwei Voraussetzungen müssen Frührentner, die ab 2017 freiwillige Beiträge zur gesetzlichen Rente zahlen wollen und können, aber auf jeden Fall erfüllen. Erstens dürfen sie nicht mehr rentenversicherungspflichtig sein, also – wenn überhaupt – nur einen versicherungsfreien Minijob ausüben. Und zweitens müssen sie auch tatsächlich eine Vollrente wegen Alters vor Erreichen der Regelaltersgrenze beziehen. Es muss sich also um eine **vorgezogene Altersvollrente** handeln.

Auch die in der Zeit vom 2.8.1951 bis 1.12.1953 geborenen Frührentner können für die bis zur Regelaltersgrenze verbleibenden Monate noch freiwillige Beiträge zur gesetzlichen Rente entrichten. Für die am 1.12.1953 Geborenen, die zum 1.12.2016 mit 63 Jahren in Rente gegangen sind, wären beispielsweise noch freiwillige Beiträge für 30 Monate möglich, also für die Zeit vom 1.1.2017 bis 30.6.2019. Am 1.7.1953 bzw. 1.1.1953 geborene Frührentner kommen noch auf 25 bzw.19 Monate.

Freiwillige Beiträge für 12 Monate und rückwirkend das Jahr 2017 können sich auch noch für am 1.7.1952 geborene Frührentner lohnen, wenn sie beispielsweise den Höchstbeitrag von 14.249,40 Euro einzahlen. Sie bekämen dann ab 1.1.2018 zusätzlich 2,0537 Entgeltpunkte gutgeschrieben und damit ein garantiertes monatliches Rentenplus von brutto 63,73 Euro im Westen nach heutigem Stand.

Da sich die Regelaltersgrenze von 65 Jahren und 8 Monaten für den Geburtsjahrgang 1954 stufenweise auf bis zu 67 Jahre ab Geburtsjahrgang 1964 erhöht, können künftige Frührentner für immer mehr Monate freiwillige Beiträge zur gesetzlichen Rente leisten. Die Anzahl der maximal möglichen freiwilligen Beitragsmonate steigt von 32 Monaten bei Jahrgang 1954 über 36 bei Jahrgang 1958 und 42 bei Jahrgang 1961 bis auf 48 Monate ab Jahrgang 1965.

Wie viele Frührentner künftig freiwillige Beiträge zahlen werden, bleibt selbstverständlich ungewiss. Die wenigsten werden von dieser Möglichkeit überhaupt wissen oder erst viel später davon erfahren. Die meisten werden es auch bei Kenntnis nicht tun, weil sie nicht über die finanziellen Mittel zur Zahlung von freiwilligen Beiträgen verfügen. Schließlich sind ihre Alterseinkünfte netto nach Beginn der Frührente deutlich niedriger im Vergleich zum zuletzt erzielten Nettogehalt.

Andererseits gibt es aber Frührentner, die gerade eine fünfstellige Ablaufleistung aus einer vor mindestens zwölf Jahren abgeschlossenen Kapital-Lebensversicherung oder privaten Rentenversicherung mit Ausübung des Kapitalwahlrechts erhalten. Andere haben möglicherweise vom Arbeitgeber eine hohe Abfindung bekommen, um früher als ursprünglich geplant ihr Arbeitsverhältnis zu beenden.

Höhe des Rentenplus für Frührentner nach Erreichen der Regelaltersgrenze

Das monatliche Rentenplus aus freiwilligen Beiträgen von Frührentnern hängt von der Beitragsdauer, der Höhe der freiwilligen Beiträge sowie dem aktuellen Rentenwert nach Erreichen der Regelaltersgrenze ab. In der folgenden Tabelle 9 wird zunächst angenommen, dass für alle möglichen Monate der jeweilige Höchstbeitrag zur gesetzlichen Rentenversicherung entrichtet wird. Dies ist sicherlich ein Ausnahmefall, da kaum ein Frührentner über so hohe finanzielle Mittel verfügt. Andererseits verdeutlicht die Tabelle 9, wie hoch die mögliche gesetzliche Rente aus freiwilligen Beiträgen von Frührentnern maximal ausfallen wird.

83

Tabelle 9: Mögliche gesetzliche Rente für Höchstbeiträge

Geburtstag	Beitragsdauer*	Höchstbeitrag**	mögl. Rente***	Rentensatz****
1.1.1952	6 Monate	7.124,70 €	32 €	5,4 %
1.7.1952	12 Monate	14.245,40 €	64 €	5,4 %
1.1.1953	19 Monate	22.757,90 €	104 €	5,4 %
1.7.1953	25 Monate	30.088,30 €	136 €	5,4 %
1.1.1954	32 Monate	38.858,60 €	179 €	5,5 %
1.1.1955	33 Monate	41.149,35 €	189 €	5,5 %
1.1.1956	34 Monate	43.589,70 €	200 €	5,5 %
1.1.1957	35 Monate	46.264,35 €	210 €	5,5 %
1.1.1958	36 Monate	49.964,40 €	221 €	5,3 %
1.1.1959	38 Monate	55.815,80 €	236 €	5,1 %
1.1.1960	40 Monate	61.355,60 €	253 €	5,0 %
1.1.1961	42 Monate	68.310,00 €	276 €	4,9 %
1.1.1962	44 Monate	74.964,80 €	295 €	4,7 %
1.1.1963	46 Monate	82.339,80 €	315 €	4,6 %
1.1.1964	48 Monate	89.973,90 €	334 €	4,5 %

*) Beitragsdauer vom Beginn der Frührente mit 63 Jahren für langjährig Versicherte oder schwerbehinderte Menschen bis zum Ende des Kalendermonats, in dem die Regelaltersgrenze erreicht wird

**) Summe der Höchstbeiträge für alle Beitragsmonate bzw. –jahre

***) mögliche gesetzliche Rente pro Monat brutto unter Berücksichtigung der Durchschnittsentgelte, Beitragssätze und aktuellen Rentenwerte laut Rentenversicherungsbericht 2017 der Bundesregierung (bei privat krankenversicherten Rentnern erhöht sich die Bruttorente um einen Zuschuss von 7,3 % zur PKV und bei gesetzlich krankenversicherten Rentnern wird von der Bruttorente ein Beitrag zur gesetzlichen Kranken- und Pflegeversicherung von rund 11 % abgezogen)

****) Jahresrentensatz als erste Jahresrente brutto in Prozent der Beitragssumme aus Höchstbeiträgen

In der Tabelle 10 werden mögliche gesetzliche Renten für einen freiwilligen Beitrag von monatlich 1.000 Euro bzw. 12.000 Euro jährlich genannt.

Tabelle 10: Mögliche gesetzliche Rente für monatlich 1.000 Euro Beitrag

Geburtstag	Beitragsdauer*	freiw. Beitrag**	mögl.Rente***	Rentensatz****
1.1.1952	6 Monate	6.000 €	27 €	5,4 %
1.7.1952	12 Monate	12.000 €	54 €	5,4 %
1.1.1953	19 Monate	19.000 €	86 €	5,4 %
1.7.1953	25 Monate	25.000 €	113 €	5,4 %
1.1.1954	32 Monate	32.000 €	147 €	5,5 %
1.1.1955	33 Monate	33.000 €	152 €	5,5 %
1.1.1956	34 Monate	34.000 €	156 €	5,5 %
1.1.1957	35 Monate	35.000 €	159 €	5,5 %
1.1.1958	36 Monate	36.000 €	159 €	5,3 %
1.1.1959	38 Monate	38.000 €	160 €	5,1 %
1.1.1960	40 Monate	40.000 €	165 €	5,0 %
1.1.1961	42 Monate	42.000 €	170 €	4,9 %
1.1.1962	44 Monate	44.000 €	173 €	4,7 %
1.1.1963	46 Monate	46.000 €	176 €	4,6 %
1.1.1964	48 Monate	48.000 €	179 €	4,5 %

*) Beitragsdauer vom Beginn der Frührente mit 63 Jahren für langjährig Versicherte oder schwerbehinderte Menschen bis zum Ende des Kalendermonats, in dem die Regelaltersgrenze erreicht wird

**) Summe der freiwilligen Beiträge = Beitragsmonate x 1.000 € pro Monat

***) mögliche gesetzliche Rente pro Monat brutto unter Berücksichtigung der Durchschnittsentgelte, Beitragssätze und aktuellen Rentenwerte laut Rentenversicherungsbericht 2017 der Bundesregierung (bei privat krankenversicherten Rentnern erhöht sich die Bruttorente um einen Zuschuss von 7,3 % zur PKV und bei gesetzlich krankenversicherten Rentnern wird von der Bruttorente ein Beitrag zur gesetzlichen Kranken- und Pflegeversicherung von rund 11 % abgezogen)

****) Jahresrentensatz als erste Jahresrente brutto in Prozent der Beitragssumme aus freiwilligen Beiträgen von 1.000 € pro Monat

Bei allen Jahrgängen von 1952 bis 1958 wird noch ein jährlicher Rentensatz von 5,3 bis 5,5 Prozent erzielt, wobei die erste Jahresrente brutto in Prozent der Beitragssumme ausgedrückt wird. Private kapitalgedeckte

Renten müssten auf einen Rentenfaktor von monatlich 46 Euro pro 10.000 Euro Kapital kommen, um damit gleichziehen zu können.

Dies ist angesichts der anhaltenden Niedrigzinsphase selbst dann nicht zu schaffen, wenn man bei der möglichen Rürup-Rente bzw. der möglichen Rente aus der privaten Rentenversicherung mit einer durchschnittlichen Verzinsung von 3 Prozent pro Jahr ab 2017 wie bei der Europa Lebensversicherung kalkuliert.

Ob Höchstbeitrag oder freiwilliger Beitrag von 1.000 Euro pro Monat: Die jährlichen Rentensätze in Prozent der Beitragssumme bleiben gleich. Allerdings fallen die möglichen gesetzlichen Renten bei einer sinkenden Beitragssumme geringer aus.

Freie Wahl zwischen Mindest- und Höchstbeitrag für Frührentner

Frührentner können die Höhe des freiwilligen Beitrags frei wählen zwischen dem Mindestbeitrag von jährlich 1.004,40 Euro und dem Höchstbeitrag von 14.508 Euro in 2018. Der steuerliche Höchstbetrag von beispielsweise 23.712 Euro für Alleinstehende und 47.424 Euro für Verheiratete in 2018 ist für Frührentner mit vorgezogener Altersvollrente nahezu ohne Bedeutung.

Da Frührentner ohne rentenversicherungspflichtigen Hinzuverdienst keine Pflichtbeiträge mehr in die gesetzliche Rentenversicherung zahlen, steht ihnen dieser steuerliche Höchstbetrag zwar vollständig für freiwillige Beiträge zur gesetzlichen Rente, zur Rürup-Rente oder zur Freiberufler-Rente aus einer berufsständischen Versorgung zur Verfügung.

Es dürfte aber wenig Sinn machen, über den freiwilligen Höchstbeitrag von 14.508 Euro hinaus noch beispielsweise Beiträge zur Rürup-Rente zu zahlen, die deutlich weniger attraktiv sind im Vergleich zu freiwilligen Beiträgen zur gesetzlichen Rente.

Steuerliche Besonderheiten bei freiwilligen Beiträgen von Frührentnern

Freiwillige Beiträge sind im Jahr 2018 zu 86 Prozent steuerlich abzugsfähig. Um jeweils zwei Prozentpunkte erhöht sich dieser steuerlich abzugsfähige Anteil in den Folgejahren, bis ab 2025 jeder freiwillige Beitrag zu 100 Prozent steuerlich abziehbar ist. Wer beispielsweise in 1958 geboren ist und für drei Jahre vom 63. bis 66. Lebensjahr freiwillige Beiträge zur gesetzlichen Rente zahlt, kann im Durchschnitt immerhin 94 Prozent steuerlich abziehen. Ab Jahrgang 1962 sind alle freiwilligen Beiträge voll abzugsfähig, da der erste freiwillige Beitrag eines Frührentners erst in 2025 geleistet wird.

Der Besteuerungsanteil für das Rentenplus liegt in allen Fällen deutlich darunter. Grund: Laut Schreiben des Bundesfinanzministeriums vom 19.8.2013 wird das Rentenplus mit dem gleichen **Besteuerungsanteil** angesetzt wie die Frührente. Wenn also ein in 1958 geborener Versicherter mit 63 Jahren in Rente geht, liegt der Besteuerungsanteil für das Rentenbeginnjahr 2021 bei 81 Prozent. Diese 81 Prozent gelten dann auch für das erst drei Jahre später anfallende Rentenplus.

In diesem Beispiel liegt der steuerlich abzugsfähige Anteil für die freiwilligen Beiträge in Höhe von durchschnittlich 94 Prozent immerhin 13 Prozentpunkte über dem Besteuerungsanteil der Rente von 81 Prozent Der Abstand wird mit 15 Prozentpunkten noch größer beim Jahrgang 1962, da nunmehr den zu 100 Prozent steuerlich abzugfähigen freiwilligen Beiträgen ein Besteuerungsanteil des Rentenplus von 85 Prozent gegenübersteht.

Frührentnern, die wegen ihrer geringen Alterseinkünfte keine Steuern zahlen, bringt dieser steuerliche Vorteil allerdings nichts. Vermutlich werden sie dann aber auch nach Erhalt des Rentenplus keine oder nur sehr geringe Steuern zahlen müssen, so dass es für sie steuerlich quasi ein Nullsummenspiel wird.

Anders sieht die steuerliche Situation bei Frührentnern mit relativ hohen Alterseinkünften wie zusätzlichen Zins- und Mieteinkünften aus.

Gerade Frührentner mit hohen Alterseinkünften können ihre laufende Steuerbelastung bis zum Erreichen ihrer persönlichen Regelaltersgrenze durch Zahlung von freiwilligen Beiträgen zur gesetzlichen Rente nach unten drücken. Im Bestfall schaffen sie es, dass ihre Alterseinkünfte bis zur Regelaltersgrenze sogar steuerfrei zufließen.

Ziel sollte es sein, dass alle gezahlten freiwilligen Beiträge steuerwirksam werden und damit zu Steuerersparnissen in der Zeit vom Beginn der Frührente bis zum Erreichen der Regelaltersgrenze führen. Ein alleinstehender Frührentner, der am 1.1.2018 in Rente geht und in diesem Jahr beispielsweise auf ein zu versteuerndes Einkommen von 15.000 Euro vor steuerlicher Berücksichtigung der freiwilligen Rentenbeiträge kommt und mit seinen steuerpflichtigen Alterseinkünften daher 6.000 Euro über dem steuerlichen Grundfreibetrag von 9.000 Euro liegt, sollte nicht den Höchstbeitrag von 14.508 Euro zahlen. Ein individueller Beitrag von 7.000 Euro führt bereits zur völligen Steuerfreiheit, da hiervon 86 Prozent gleich 6.020 Euro steuerlich abzugsfähig sind und das zu versteuernde Einkommen nunmehr bereits unter dem Grundfreibetrag von 9.000 Euro liegt.

Ein attraktiver steuerlicher Vorteil besteht für Frührentner, deren Rente erst gegen Ende eines Kalenderjahres (zum Beispiel zum 1. November oder 1. Dezember) beginnt. Da sie im weitaus größten Teil des Jahres noch berufstätig waren und einen entsprechend höheren individuellen Grenzsteuersatz hatten, empfiehlt sich in diesem speziellen Fall ein relativ hoher freiwillige Beitrag für die Zeit von Januar bis zum Beginn der Frührente. Entsprechend hoch fällt auch die Steuerersparnis für dieses Kalenderjahr aus.

Dabei ist jedoch steuerlich darauf zu achten, dass die Summe aus dem Pflichtbeitrag für die aktive Phase und dem freiwilligen Beitrag für die gegen Ende des Jahres beginnende Rentenphase nicht über den steuerlichen Höchstbetrag für Altersvorsorgeaufwendungen in Höhe von 23.712 Euro für Ledige bzw. 47.424 Euro für Verheiratete in 2018 hinausgeht. Davon sind dann 86 Prozent steuerlich abzugsfähig. Spätestens ab dem Monat, der auf das Erreichen der Regelaltersgrenze folgt, steigt die Steuerbelastung wegen des nun erzielten Rentenplus wieder an. Wenn der individuelle Grenzsteuersatz dann aber nur gering über dem Grenzsteuersatz des Frührentners liegt, entstehen unterm Strich keine steuerlichen Nachteile. Schließlich profitiert der Rentner mit Rentenplus davon, dass der Besteuerungsanteil für das Rentenplus deutlich niedriger liegt als der steuerlich abzugsfähige Anteil für die freiwilligen Rentenbeiträge.

3.6. Steigende Höchstbeträge

Laut Rentenversicherungsbericht 2017 der Bundesregierung steigen bis 2031 auch die Beitragsbemessungsgrenzen in der gesetzlichen Rentenversicherung West (im Osten gibt es nur noch bis 2024 niedrigere Beitragsbemessungsgrenzen).

Unter Berücksichtigung dieser steigenden Beitragsbemessungsgrenzen und der Beitragssätze in den jeweiligen Jahren steigt dann auch der Höchstbeitrag für alle Pflichtversicherten, die ein Jahresbruttogehalt ab der Beitragsbemessungsgrenze in der gesetzlichen Rentenversicherung erzielen (siehe Tabelle 11).

Bei sozialversicherungspflichtig beschäftigten Arbeitnehmern wird der Höchstbeitrag je zur Hälfte von Arbeitgebern und Arbeitnehmern gezahlt. Gleiches gilt für die rund 185.000 selbstständigen Künstler und Publizisten, für die der Bund sowie die Verwerter von Wort, Kunst und Musik anstelle der Arbeitgeber die Hälfte der Pflichtbeiträge tragen.

Rund 55.000 selbstständige Freiberufler (zum Beispiel selbstständige Lehrer) sind kraft Gesetzes pflichtversichert und rund 50.000 selbstständige Handwerker über eine Zeit von 18 Jahren, sofern sie in die Handwerksrolle eingetragen sind. Auf eigenen Antrag pflichtversichert sind nur rund 12.000 Selbstständige.

Diese drei Gruppen – selbstständige Freiberufler kraft Gesetzes, selbstständige Handwerker mit Eintragung in die Handwerksrolle und antragspflichtversicherte Selbstständige – müssen den Pflichtbeitrag allein tragen. Unter diesen insgesamt 117.000 Selbstständigen werden auch einige Höchstbeitragszahler sein.

Tabelle 11: Beitragsbemessungsgrenzen und Höchstbeiträge von 2017 bis 2031

Jahr	Beitragsbemessungsgrenze*	Beitragssatz**	Höchstbeitrag***
2017	76.800 €	18,7 %	14.361,60 €
2018	78.000 €	18,6 %	14.508,00 €
2019	80.400 €	18,6 %	14.954,40 €
2020	82.200 €	18,6 %	15.289,20 €
2021	84.600 €	18,6 %	15.735,60 €
2022	87.000 €	18,6 %	16.269,00 €
2023	89.400 €	18,7 %	16.717,80 €
2024	92.400 €	19,8 %	18.295,20 €
2025	94.800 €	20,1 %	19.054,80 €
2026	97.800 €	20,2 %	19.755,60 €
2027	100.800 €	20,6 %	20.764,80 €
2028	103.800 €	21,0 %	21.798,00 €
2029	106.800 €	21,3 %	22.748,40 €
2030	109.800 €	21,6 %	23.716,80 €
2031	113.400 €	21,9 %	24.834,60 €

*) jährliche Beitragsbemessungsgrenzen der gesetzlichen Rentenversicherung West laut Vorausrechnung im Rentenversicherungsbericht 2017 der Bundesregierung (nur Beitragsbemessungsgrenzen für 2017 und 2018 stehen zurzeit fest)

**) Beitragssätze laut Rentenversicherungsbericht 2017 der Bundesregierung (nur Beitragssätze für 2017 und 2018 stehen zurzeit fest)

***) jährlicher Höchstbeitrag = jährliche Beitragsbemessungsgrenze x Beitragssatz (nur Höchstbeiträge für 2017 und 2018 stehen fest)

Freiwillig Versicherte, die nicht versicherungspflichtig sind (zum Beispiel Beamte mit Beamtenversorgung und Freiberufler mit berufsständischer Versorgung), müssen die freiwilligen Beiträge selbstverständlich auch allein tragen. Unter den rund 5.000 Höchstbeitragszahlern im Jahr 2015 dürften die meisten aus dieser Gruppe der rund 1,8 Mio. Beamten und 1 Mio. Freiberuflern sein. Da sie in der Regel privat krankenversichert sind, erhalten sie später auf ihre gesetzliche Rente noch einen Zuschuss zu ihrer privaten Krankenversicherung in Höhe von 7,3 Prozent der Bruttorente.

Beispiel für einen in 1958 geborenen Höchstbeitragszahler

Im Folgenden erfolgt ein Berechnungsbeispiel für einen am 01.01.1958 geborenen und privat krankenversicherten Beamten, der seine Regelaltersrente mit 66 Jahren ab 01.01.2024 bezieht und freiwillig in den sieben Jahren von 2017 bis 2023 jeweils den Höchstbeitrag zahlt.

Summe der Höchstbeiträge von 2017 bis 2023:	107.835,60 €
monatliche Rente ab 1.1.2024:	
14,3471 Entgeltpunkte x 37,46 € =	537,44 €
+ 7,3 % PKV-Zuschuss +	39,23 €
	576,67 €
Jahresrente brutto inkl. PKV-Zuschuss:	
576,67 € x 12 Monate =	6.920,04€
jährlicher Rentensatz:	
6.920,04 € x 100 / 107.835,60 € =	6,42 %

Bei dieser Berechnung wurden ausschließlich die Werte aus der Vorausrechnung im Rentenversicherungsbericht 2017 der Bundesregierung zugrunde gelegt. Die mögliche gesetzliche Rente in Höhe von monatlich rund 577 Euro inkl. Zuschuss zur privaten Krankenversicherung erscheint schon auf den ersten Blick recht attraktiv insbesondere im Vergleich zu einer Rürup-Rente aus gleich hohen Beiträgen.

Sofern man eine Rentendauer von 19 Jahren vom 66. bis zum 85. Lebensjahr annimmt und eine jährliche Rentensteigerung von 2 Prozent, errechnet sich eine Rentensumme von 158.058 Euro. Der Überschuss aus Beitragssumme minus Rentensumme macht also immerhin 50.222 Euro aus.

Die Rentenrendite liegt bei 2,96 Prozent bzw. rund 3 Prozent vor Steuern. Wenn man den steuerlichen Abzug der Höchstbeiträge in Höhe von 84 bis 96 Prozent in den Jahren 2017 bis 2023 (also im Schnitt 90 Prozent) mit dem Besteuerungsanteil der Rente von 85 Prozent bei Rentenbeginn in 2024 vergleicht, wird der erste steuerliche Vorteil sichtbar. Da der Steuersatz in der Rentenphase typischerweise niedriger als in der Beitragsphase ausfällt, kommt ein zweiter steuerlicher Vorteil hinzu.

Bei Annahme eines Grenzsteuersatzes von 35 Prozent in der Beitragsphase und 25 Prozent in der Rentenphase errechnet sich dann eine Rentenrendite von 3,95 bzw. rund 4 Prozent nach Steuern. Eine solche Rendite lässt sich zurzeit mit privaten Renten (zum Beispiel Rürup-Rente oder Rente aus privater Rentenversicherung) nicht erzielen.

Höchstbeitragszahler unter den freiwillig Versicherten

In der von der Deutschen Rentenversicherung im Oktober 2017 herausgegebenen Broschüre „Rentenversicherung in Zeitreihen" wird auch eine Statistik über die freiwillig Versicherten mit Höchstbeiträgen von 2005 bis 2015 getrennt nach Männern und Frauen veröffentlicht. Diese Aufteilung wird beibehalten in Tabelle 12 und Tabelle 13. Zusätzlich wird der Anteil der Höchstbeitragszahler an den freiwillig Versicherten – getrennt nach Männern und Frauen – angegeben.

Auf eine Unterscheidung zwischen West und Ost wird verzichtet, da es bei der Zahlung von freiwilligen Beiträgen von Nicht-Pflichtversicherten nicht auf unterschiedliche Entgelte ankommt. Auch für freiwillig Versicherte im Osten gelten die Beitragsbemessungsgrenze in der gesetzlichen Rentenversicherung West sowie der jeweilige aktuelle Rentenwert West.

Es fällt zunächst auf, dass die Anzahl der freiwillig versicherten Männer stetig gefallen ist, während sie bei den Frauen in den Jahren 2013 und 2014 gestiegen ist. Der Anstieg um über 32.000 bzw. um 34 Prozent in 2014 im Vergleich zu 2013 ist auf die ab 1.7.2014 eingeführte Mütterrente zurückzuführen. Laut Deutscher Rentenversicherung gab es 39.045 „neue Mütterrenten" in 2015 als Regelaltersrenten. Ohne diese rund 39.000 neuen Mütterrenten wäre die Anzahl der freiwillig versicherten Frauen in 2014 um 7.000 gesunken.

Ganz offensichtlich haben viele Mütter die zusätzliche Anrechnung von einem Kindererziehungsjahr für die vor 1992 geborenen Kinder dazu genutzt, freiwillige Beiträge zur gesetzlichen Rente zu zahlen. Damit konnten sie dann die für einen Rentenanspruch erforderliche Wartezeit von fünf Jahren erfüllen. Außerdem sind Nachzahlungsbeträge für vor 1955 geborene Mütter mit vor 1992 geborenen Kindern auch noch nach Erreichen der Regelaltersgrenze möglich. Der deutliche Anstieg der Höchstbeitragszahler in den Jahren 2011 bis 2015 ist vor allem auf eine Gesetzesänderung vom 11. August 2010 zurückzuführen. Danach können versicherungsfreie Beamte und von der Versicherungspflicht befreite Freiberufler mit berufsständischen Versorgung auch dann freiwillige Beiträge zur gesetzlichen Rente zur zahlen, wenn sie die fünfjährige Wartezeit wegen fehlender oder nicht ausreichender Beitragsjahre noch nicht erfüllt haben.

Tabelle 12: Höchstbeitragszahler bei freiwillig versicherten Männern in 2005 bis 2015

Jahr	freiwillig Versicherte (Mann)	Höchstbeitragszahler (Mann)	Anteil*
2005	371.631	1.532	0,4 %
2006	347.268	1.269	0,4%
2007	324.900	1.308	0,4 %
2008	305.634	1.284	0,4 %
2009	287.339	1.289	0,4 %
2010	269.092	1.312	0,5 %
2011	253.811	1.443	0,6 %
2012	237.704	1.748	0,7 %
2013	223.148	2.203	1,0 %
2014	212.857	2.884	1,4%
2015	201.250	3.745	1,9 %

*) Anteil der männlichen Höchstbeitragszahler in Prozent der freiwillig versicherten Männer

Bis Ende 2015 konnten vor 1950 geborene Beamte und Freiberufler entsprechende Nachzahlungsbeträge für höchstens fünf Jahre leisten, um nach Erreichen der Regelaltersgrenze eine gesetzlich Rente zu erhalten.

Dies haben zahlungskräftige Berechtigte dazu genutzt, den jeweiligen Höchstbeitrag zu zahlen. Bereits ab 2009 steigt die Anzahl der männlichen Höchstbeitragszahler, obwohl die Anzahl der freiwillig versicherten Männer weiter sinkt. Gleichzeitig steigt der Anteil der männlichen Höchstbeitragszahler von 0,4 Prozent in 2009 bis auf 1,9 Prozent in 2015 (siehe Tabelle 12). Jeder fünfzigste freiwillig versicherte Mann hatte in 2015 genügend finanzielle Mittel, um den Höchstbeitrag von immerhin 13.576 Euro zu zahlen. Im Vergleich zu den freiwillig versicherten Männern liegt die Anzahl der freiwillig versicherten Frauen – bis auf das Ausnahmejahr 2014 mit Einführung der Mütterrente – mehr als 50 Prozent darunter. Weniger als 300 weibliche Höchstbeitragszahler im gesamten Bundesgebiet gab es bis 2010. Erst seit 2011 steigt ihre Anzahl sowohl absolut als auch relativ deutlich (siehe Tabelle 13).

Tabelle 13: Höchstbeitragszahler unter freiwillig versicherten Frauen in 2005 - 2015

Jahr	freiwillig Versicherte (Frau)	Höchstbeitragszahler (Frau)	Anteil*
2005	130.038	220	0,2 %
2006	121.818	203	0,2 %
2007	113.518	205	0,2 %
2008	107.984	228	0,2 %
2009	103.140	239	0,2 %
2010	95.579	274	0,3 %
2011	90.891	347	0,4 %
2012	87.241	428	0,5 %
2013	95.304	656	0,7 %
2014	127.603	919	0,7 %
2015	86.109	1.300	1,5 %

*) Anteil der weiblichen Höchstbeitragszahler in Prozent der freiwillig versicherten Frauen

Bis zum Jahr 2009 lag auch der relative Anteil der weiblichen Höchstbeitragszahler nur halb so hoch im Vergleich zu den Männern. Erst im Jahr 2015 reicht ihr Anteil mit 1,5 Prozent an den Anteil von 1,9 Prozent bei den Männern heran.

Trotz des starken Anstiegs der freiwilligen Höchstbeitragszahler in den letzten Jahren ist die Anzahl aller freiwillig Versicherten in 2015 auf einen Tiefstand von 287.000 nach der Erfassungsmethodik der Deutschen Rentenversicherung gefallen. Im Rentenversicherungsbericht 2017 der Bundesregierung werden für 2015 sogar nur knapp 252.000 genannt. Die Differenz von mehr als 35.000 ist höchstwahrscheinlich darauf zurückzuführen, dass die Deutsche Rentenversicherung unter den freiwillig Versicherten auch die Versicherten mit Nachzahlungsbeträgen erfasst.

Noch im Jahr 2003 lag die Anzahl der freiwillig Versicherten mit 593.000 laut Deutscher Rentenversicherung bzw. knapp 509.000 laut Rentenversicherungsbericht mehr als doppelt zu hoch. Es ist also keineswegs so, dass die Anzahl der freiwillig Versicherten gestiegen ist. Das genaue Gegenteil ist der Fall. Gestiegen ist ab 2010 lediglich die Zahl der freiwillig Versicherten, die Höchstbeiträge zahlen. Allerdings liegt die Gesamtzahl von 5.045 Höchstbeitragszahlern im Jahr 2015 immer noch unter den 6.073 Höchstbeitragszahlern in 1998.

Dass auch Nicht-Pflichtversicherte freiwillige Beiträge zur gesetzlichen Rente zahlen dürfen und können, ist nach § 7 SGB VI ausdrücklich vorgesehen. Seit dem 1.1.2017 können erstmalig auch nicht pflichtversicherte Frührentner freiwillige Beiträge bis zum Erreichen ihrer Regelaltersgrenze zahlen.

Kritisch wird von einigen Rentenpolitikern und Rentenexperten der steigende Anteil von freiwillig Versicherten gesehen, die den Höchstbeitrag aus eigener Tasche zahlen. Auf diese Kritik an freiwilligen Höchstbeitragszahlern soll im Folgenden näher eingegangen werden.

Nutzen Wohlhabende die gesetzliche Rente als Geldanlage?

Die folgende dpa-Meldung wurde von der BILD-Zeitung[23], aber auch von einer Reihe von anderen Tageszeitungen Ende November bzw. Anfang Dezember 2017 kritiklos übernommen:

Berlin (dpa). Immer mehr Wohlhabende nutzen nach einem Beitrag des "Tagesspiegels" die gesetzliche Rentenversicherung als Kapitalanlage. In der aktuellen Niedrigzinsphase sicherten sie sich mit freiwilligen Beiträgen "satte Gewinne", sagte der Linken-Fraktionsexperte Ralph Lenkert der Zeitung (Donnerstag). Regierungsangaben auf eine Anfrage der Linken zufolge haben im Jahr 2015 von den 287.359 freiwillig Rentenversicherten 5.045 Personen den Höchstbetrag von derzeit 1.187,45 Euro im Monat eingezahlt. 2010 lag die Zahl der freiwillig Versicherten mit Höchstbeitrag erst bei 1.586 Personen.

Seit 2010 können Beamte und beispielsweise Anwälte, Ärzte oder Architekten auch ohne vorherige Erfüllung einer fünfjährigen Wartezeit freiwillige Beiträge für die Rentenkasse leisten, um sich den Anspruch auf eine Regelaltersrente zu sichern. Dank hoher Rentenanpassungen verzinsen sich diese Beiträge seit Jahren besser als vergleichbar sichere Geldanlagen. Aus Sicht der Deutschen Rentenversicherung sind die freiwilligen Einzahlungen fair und nicht zu beanstanden, wie ein Sprecher sagte. "Schließlich orientieren sich die späteren Renten allein an den vorher gezahlten Beiträgen." Zahle man ein Jahr lang den Höchstbetrag, erwerbe man dafür einen monatlichen Rentenanspruch von 64 Euro.

Die Schlagzeilen der Tageszeitungen hießen dann „Wohlhabende nutzen Rente als Geldanlage" oder gar „Reiche nutzen Rente als Kapitalanlage". Der dpa-Meldung ging der Artikel „Rentenversicherung: Mehr Rente durch Zusatzeinzahlungen – Linke empört" im Tagesspiegel[24] vom 29.11.2017 voraus.

---

[23] http://www.bild.de/bildlive/2017/14-rente-einzahlung-54037246.bild.html
[24] http://www.tagesspiegel.de/politik/rentenversicherung-mehr-rente-durch-zusatzeinzahlungen-linke-empoert/20648556.html

Diesem aktuellen Artikel ging wiederum im Tagesspiegel vom 18.4.2017 ein fast identischer Beitrag[25] „Anlagevehikel: Die Rente als Geldanlage" von Dr. Tim Köhler-Rama (Dozent an der Hochschule des Bundes, Fachbereich Sozialversicherung) voraus.

Gegenstand der Empörung auf Seiten von Ralph Lenkert (Linkspartei) am 29.11.2017 und Tim Köhler-Rama (Dozent an der Hochschule des Bundes) am 18.4.2017 ist eine Tatsache, die zumindest stimmt: Im Jahr 2015 haben insgesamt 5.045 freiwillig Versicherte den Höchstbetrag von seinerzeit 1.131,35 Euro monatlich (nicht 1.187,45 Euro monatlich wie derzeit) bzw. 13.576,20 Euro in die gesetzliche Rentenversicherung gezahlt.

Allein diese eigentlich kaum erwähnenswerte Tatsache hat Lenkert und Köhler-Rama zu einem Sturm der Empörung veranlasst. Ihre starken Worte seien an dieser Stelle einmal aufgelistet:

- Missbrauch des Solidarprinzips in der gesetzlichen Rentenversicherung (Lenkert)
- Mit dieser speziellen Geldanlage bereichern sich vor allem westdeutscher Männer auf Kosten der Versichertengemeinschaft (Lenkert)
- Höchstbetrag um mehr als ein Drittel absenken, um die Pflichtversicherten zu schützen und die Rentenversicherung für Spekulanten unattraktiv machen (Lenkert)
- Immer mehr Gutverdiener nutzen die gesetzliche Rentenversicherung als Anlagevehikel. Das schadet jedoch den normalen Versicherten (Köhler-Rama)
- Denn erstens steigt infolge der freiwilligen Beiträge die künftige Finanzierungslast der GRV. In der Zukunft müssen für die steigenden Kosten diejenigen Versicherten aufkommen, die pflichtversichert sind (Köhler-Rama)
- Zweitens findet durch den auffälligen Anstieg der freiwillig Versicherten mit Höchstbetrag eine immer stärkere Risikoselektion statt,

---

[25] http://www.tagesspiegel.de/wirtschaft/anlagevehikel-die-rente-als-geldanlage/19678270.html

weil die freiwillig Versicherten, die in der Lage sind, Höchstbeiträge zu leisten, eine überdurchschnittlich lange Lebenserwartung haben. Menschen, die absehbar überdurchschnittlich lange leben, stellen für Rentenversicherungen aber rechnerisch immer „schlechte Risiken" dar (Köhler-Rama)

- Im Ergebnis bedeutet diese Entwicklung vor allem eine Besserstellung von Gutverdienern zulasten von Geringverdienern innerhalb der GRV. Dies widerspricht der aktuellen rentenpolitischen Agenda sämtlicher Parteien (Köhler-Rama).

Dem "Empörungsmanagement" von Lenkert und Köhler-Rama im Tagesspiegel stehen allerdings die folgenden sieben Fakten entgegen:

1. Die gesetzliche Rente ist wie die Riester-Rente, Rürup-Rente oder Rente aus einer privaten Rentenversicherung keine Geld- bzw. Kapitalanlage, sondern eine Rentenversicherung. Sie ist eine reine Leibrente und darf wie die Rürup-Rente nicht kapitalisiert, nicht beliehen, nicht veräußert, nicht übertragen und nicht vererbt werden.

2. Die 5.045 freiwilligen Höchstbeitragszahler in 2015 machen gerade einmal 0,17 Promille der 30 Mio. Pflichtversicherten und 1,8 Prozent der 287.359 freiwillig Versicherten laut „Rentenversicherung in Zeitreihen" von Oktober 2017 aus.

3. Zur Skandalisierung taugt diese geringe Anzahl von rund 5.000 Höchstbeitragszahlern in der freiwilligen Versicherung ganz gewiss nicht. Wenn nur jeder 57. freiwillig Versicherte den Höchstbeitrag zahlt, kann dies der Versichertengemeinschaft schon aus rein rechnerischen Gründen nicht schaden. Das Mehr an 68,5 Mio. Euro Beitragseinnahmen in 2015 führt nur zu Rentenanwartschaften für das Jahr 2015 in Höhe von 3,6 Mio. Euro. Angesichts von Rentenausgaben in Höhe von demnächst 300 Mrd. Euro ist dieses Mehr von 0,001 Promille nur ein Tropfen auf dem Stein.

4. Noch im Jahr 1998 gab es 6.073 freiwillige Höchstbeitragszahler, also mehr als in 2015. In 1995 bzw. 1992 waren es sogar 11.370 bzw. 16.774 Höchstbeitragszahler, allerdings unter Einrechnung der Höherversicherten.

5. Dass es in den letzten Jahren keinen Boom bei freiwilligen Versicherungen gegeben hat, zeigen auch folgende Zahlen: In 2014 hat die DRV insgesamt 433 Mio. Euro aus freiwilligen Beiträgen eingenommen und in 2015 mit 422 Mio. Euro sogar weniger. Die Beitragseinnahmen aus freiwilliger Versicherung für 2016 werden auf 431 Mio. Euro geschätzt (siehe Faktencheck von Rolf Winkel am 17.3.2017 im DRV-Internetportal „Ihre Vorsorge").

6. Die Anzahl der Rürup-Verträge ist laut Alterssicherungsbericht 2016 der Bundesregierung, Seite 147, Mitte 2016 erstmals auf über 2 Millionen gestiegen. Wie viele davon den steuerlichen Höchstbetrag von 22.767 Euro in 2016 zahlten, ist nicht bekannt. Wenn es geschätzt 1 Prozent und damit 20.000 wären, läge diese Zahl viermal so hoch im Vergleich zu den rund 5.000 Höchstbeitragszahlern in der freiwilligen Versicherung zur gesetzlichen Rente.

7. Dass seit August 2010 Nicht-Pflichtversicherte wie Beamte und Freiberufler freiwillige Beiträge zahlen können, hat der Gesetzgeber so gewollt. Dieser Gesetzesänderung ging ein vom Bundessozialgericht verkündetes Urteil sowie eine Intervention des Ausschusses für Arbeit und Soziales aus Mitte Juni 2010 voraus, der sich dabei wiederum auf das Anliegen des Petitionsausschusses berief. Der Petitionsausschuss befürwortete darin ausdrücklich die freiwillige Versicherung von versicherungsfreien Beamten und von der Versicherung befreiten Freiberuflern in der gesetzlichen Rentenversicherung ohne Einschränkungen.

Fazit: Die freiwillige Versicherung und die daraus folgende Möglichkeit der Zahlung von Höchstbeiträgen beruht also auf dem mit Wirkung vom 11.8.2010 geänderten Neuregelung im Sechsten Sozialgesetzbuch und den vorausgegangenen Stellungnahmen von Petitions- und Sozialausschuss des Bundestages. Den Höchstbeitragszahlern nunmehr ein schlechtes Gewissen einzureden, weil sie diese vor sieben Jahren geänderte gesetzliche Regelung nutzen und aus rein rationalen Gründen Höchstbeiträge in die gesetzliche Rentenversicherung einzahlen, ist unfair. Die Aufregung über rund 5.000 freiwillige Höchstbeitragszahler in der gesetzlichen Rentenversicherung, die angeblich eine deutlich längere

Lebenserwartung als der Durchschnitt der Bevölkerung haben, ist völlig entbehrlich.

Argumente für freiwillige Höchstbeitragszahler

Jede nicht pflichtversicherte Person kann nach geltende Rechtslage freiwillige Beiträge zur gesetzlichen Rente zahlen, also außer nicht pflichtversicherten Selbstständigen und Freiberuflern auch Beamte mit Ansprüchen auf eine Beamtenversorgung.

Wer freiwillige Beiträge zur gesetzlichen Rente zahlen möchte, darf nicht pflichtversichert sein. Sofern diese einfache Voraussetzung vorliegt, darf der freiwillig Versicherte beliebige Beiträge zwischen dem Mindestbeitrag und dem Höchstbeitrag entrichten. Er kann, sofern er die finanziellen Mittel dazu hat, also auch den Höchstbeitrag zahlen. Eine Begrenzung dieses Höchstbeitrags für freiwillig Versicherte auf beispielsweise zwei Drittel oder die Hälfte des Höchstbeitrags für Pflichtversicherte würde keinen Sinn machen.

Die bis zum 10.8.2010 geltende Einschränkung: „Personen, die versicherungsfrei oder von der Versicherung befreit sind, können sich nur dann freiwillig versichern, wenn sie die allgemeine Wartezeit erfüllt haben"[26] gilt heute nicht mehr.

Für Freiberuflerinnen mit Kindern ist Folgendes besonders wichtig: Sie können nach dem Urteil[27] des Bundessozialgerichts vom 31.01.2008 (Az. B 13 R 64/06 R) Kindererziehungszeiten in der gesetzlichen Rentenversicherung anrechnen lassen, da diese in der berufsständischen Versorgung nicht „systembezogen annähernd gleichwertig" berücksichtigt werden.

Das höchstrichterliche Urteil hatte eine Apothekerin erstritten, die drei ab 1992 geborene Kinder hat. Sie bekommt nun jeweils drei Jahre je

---

[26] § 7 Abs. 2 Satz 1 SGB VI in der bis 10.8.2010 geltenden Fassung

[27] http://juris.bundessozialgericht.de/cgi-bin/rechtsprechung/document.py?Gericht=bsg&Art=en&nr=10327

Kind und somit insgesamt neun Jahre für die Erziehung ihrer drei Kinder in der gesetzlichen Rentenversicherung angerechnet. Immerhin entstehen dadurch bereits Rentenansprüche von zurzeit 279,27 Euro.

Letztlich hat diese Apothekerin durch das von ihr erstrittene Urteil des Bundessozialgerichts die Änderungen ins Rollen gebracht. Der Hintergrund: Für vor 1992 geborene Kinder werden nur jeweils zwei Jahre pro Kind als Kindererziehungszeit angerechnet. Eine Freiberuflerin mit zwei vor 1992 geborenen Kindern kommt somit nur auf eine angerechnete Zeit von vier Jahren. Sofern sie aber einen einzigen freiwilligen Beitrag für ein Jahr zahlt, erfüllt sie die fünfjährige Wartezeit und erhält einen Rentenanspruch. Bei einem vor 1992 geborenen Kind müsste die Freiberuflerin mit berufsständischer Versorgung dann freiwillige Beiträge über drei Jahre zahlen, um später eine gesetzlich Rente zu erhalten.

Selbstverständlich können freiwillige Beiträge zur gesetzlichen Rente auch über mehr als fünf Jahre gezahlt werden. Entsprechend steigen die Rentenansprüche.

Seit 11.8.2010 und somit seit rund sieben Jahren gibt es also die Möglichkeit für alle nicht rentenversicherungspflichtigen Personen wie Beamte und Freiberufler mit berufsständischer Versorgung, freiwillige Beiträge zur gesetzlichen Rente zu zahlen.

Nur in ganz bestimmten Ausnahmefällen können auch Arbeitnehmer freiwillige Beiträge in die gesetzliche Rentenversicherung einzahlen. Dazu zählen freiwillige Beiträge für Zeiten, die wegen einer beruflichen Auszeit (zum Beispiel als Hausfrau oder Hausmann) oder einer beruflichen Tätigkeit von Deutschen im Ausland nicht mit Pflichtbeiträgen in der gesetzlichen Rentenversicherung belegt sind.

Oft nehmen nicht pflichtversicherte Beamte und Freiberufler mit berufsständischer Versorgung auch heute noch irrtümlich an, dass sie sich in der gesetzlichen Rentenversicherung gar nicht freiwillig versichern dürften. Bis zum 10.8.2010 galt dies für tatsächlich für die Gruppe von Beamten und Freiberuflern, die mit Pflichtbeiträgen noch nicht die allgemeine Wartezeit von fünf Jahren erfüllt hatte.

Die alte Regelung benachteiligte daher Beamte und Freiberufler, die beispielsweise nur drei oder vier Jahre als Arbeitnehmer sozialversicherungspflichtig beschäftigt waren. Sie durften keine freiwilligen Beiträge zahlen und bekamen mangels Rentenanspruch nur ihre selbst gezahlten Arbeitnehmer-Pflichtbeiträge zurückerstattet.

Der Gesetzgeber hat diese Benachteiligung durch Wegfall der alten Regelung beseitigt. Es handelt sich also keinesfalls um eine Privilegierung von nicht pflichtversicherten Beamten oder Freiberuflern, wenn sich diese ab dem 11.8.2010 auch bei weniger als fünf Pflichtbeitragsjahren freiwillig versichern können.

Davon, dass Beamte und Freiberufler über die freiwillige Versicherung „die Rentenkasse plündern" und der Gesetzgeber dies verhindern müsse, kann keine Rede sein. Die Neuregelung vom 11.8.2010 wieder „rückabzuwickeln" und die alte Regelung wieder aufleben zu lassen, würde die frühere Benachteiligung von Beamten und Freiberuflern mit weniger als fünf Pflichtbeitragsjahren neu einführen. Dies kann nicht im Interesse des Gesetzgebers sein. Zudem würde eine solche Absicht auf den heftigen Widerstand des Deutschen Beamtenbundes und der Arbeitsgemeinschaft berufsständischer Versorgungseinrichtungen (ABV) stoßen.

Auch der zuweilen geäußerte Vorwurf, dass privat krankenversicherte Beamte und Freiberufler noch einen Zuschuss zur privaten Krankenversicherung in Höhe von 7,3 Prozent ihrer späteren Bruttorente erhalten, geht fehl. Ehemals pflichtversicherte Arbeitnehmer erhalten als Rentner ebenfalls diesen Zuschuss zu ihrer gesetzlichen Krankenversicherung. Allerdings wird er von der Deutschen Rentenversicherung direkt einbehalten vom Gesamtbeitrag zur gesetzlichen Krankenversicherung.

4. AUSGLEICHSBETRÄGE FÜR ANGESTELLTE AB 50 JAHREN

Rentenabschläge sind für viele Frührentner ein Ärgernis. Bei Abschlägen von 9,9 Prozent für langjährig Versicherte, die in 1955 geboren sind und mit 63 Jahren im Jahr 2018 in Rente gehen wollen, oder gar 14,4 Prozent für langjährig Versicherte der Geburtsjahrgänge ab 1964 gehen rund ein Zehntel oder sogar ein Siebtel von der monatlichen Bruttorente ab. Sofern diese beispielsweise 1.400 Euro ausmacht, macht der Rentenabschlag bereits rund 140 oder gar 200 Euro aus. Bei einer um die Hälfte höheren Bruttorente von 2.100 Euro wären es bereits 210 oder 300 Euro.

Über die Höhe der Rentenabschläge zu jammern, bringt aber nichts. Tatsächlich sind die Abschlagssätze nicht zu hoch. Schließlich wird der Rentenabschlag bei Frührenten „versüßt" durch eine entsprechend längere Rentendauer. Würde man die Abschlagssätze finanzmathematisch richtig ansetzen, wären sogar 6 Prozent statt bisher nur 3,6 Prozent pro Jahr fällig, das vor Erreichen der Regelaltersgrenze liegt.

Darüber hinaus gibt es grundsätzlich fünf Wege, Rentenabschläge vollständig oder zumindest teilweise zu vermeiden:

- Nutzen der abschlagsfreien Altersrente für besonders langjährig Versicherte und schwerbehinderte Menschen
- Weiterarbeit bis zum Erreichen der Regelaltersgrenze, um eine abschlagsfreie Regelaltersrente zu erhalten
- Weiterarbeit als Frührentner, um mit Pflichtbeiträgen den Rentenabschlag nachträglich zu vermindern
- freiwillige Beiträge von Frührentnern für die Zeit vom Beginn der vorgezogenen Altersrente bis zum Erreichen der Regelaltersgrenze (erst seit 1.1.2017 möglich), um den Rentenabschlag nachträglich zu vermindern
- Ausgleich bzw. Rückkauf von Rentenabschlägen für langjährig Versicherte und schwerbehinderte Menschen (ab 1.7.2017 für alle mindestens 50-Jährigen auf Antrag möglich).

103

Insbesondere der 5. Weg ist für die Altersgruppe 50plus attraktiv, sofern die nötigen finanziellen Mittel zum Ausgleich der künftigen Rentenabschläge vorhanden sind. Schon im Gesetzentwurf zur Flexirente heißt es: „*Versicherte können früher und flexibler als bisher zusätzliche Beiträge in die Rentenversicherung einzahlen, um Rentenabschläge auszugleichen, die mit einer geplanten vorzeitigen Inanspruchnahme einer Altersrente einhergehen würden.*"

Dieser Ausgleich von Rentenabschlägen ist ab 1.7.2017 bereits ab Vollendung des 50. Lebensjahres möglich, also fünf Jahre früher als bisher. Zudem kann der fast immer hohe fünfstellige Ausgleichsbetrag flexibel über Jahres- oder Halbjahresraten gestreckt werden. Die Zahlung kann also tatsächlich „früher und flexibler" erfolgen, wie es im Gesetzentwurf heißt.

4.1. Berechtigte zum Rückkauf von Rentenabschlägen

Nicht jeder Versicherte kann Rentenabschläge zurückkaufen. Zwei Voraussetzungen müssen Versicherte erfüllen: Sie müssen ab 1.7.2017 bei Antragstellung das 50. Lebensjahr vollendet haben und bis zum geplanten Beginn der vorzeitigen Altersrente die 35-jährige Wartezeit erreichen können. Dabei kommt es nicht darauf an, ob sie pflichtversichert oder freiwillig versichert sind.

Sofern ein berechtigtes Interesse am Ausgleich von Rentenabschlägen nachgewiesen wird, können auch noch nicht 50-Jährige eine besondere Rentenauskunft beantragen und damit zugleich einen Antrag auf Rückkauf von Rentenabschlägen stellen. Darauf weist der Sozialbeirat der Bundesregierung in seinem Ende November 2016 erstellten Sozialbeirat -Gutachten sogar ausdrücklich hin[28] (dort Seite 27 oben).

Wann ein berechtigtes Interesse zum Abschlagsrückkauf vor dem vollendeten 50. Lebensjahr vorliegt, hängt zwar immer vom Einzelfall ab. Indirekt gibt es dazu aber folgende Hinweise in der Begründung zum Entwurf des Flexirentengesetzes: „*Vor einem Alter von 50 Jahren dürfte es für die Versicherten noch kaum vorhersehbar sein, ob sie tatsächlich vorgezogen in Altersrente gehen wollen. Ferner darf es nicht hinreichend valide abschätzbar sein, wie hoch die Rentenminderung durch Abschläge ausfallen kann, weil dafür die Rentenansprüche bis zum Zeitpunkt des Renteneintritts vorausgeschätzt werden müssen*"[29] (dort Seite 25 des Entwurfs zum Flexirentengesetz).

Mit hoher Wahrscheinlichkeit wird ein solches berechtigtes Interesse also nicht bei Versicherten unter 38 Jahren vorliegen, die noch mehr als 25 Versicherungsjahre bis zum frühesten Rentenbeginn mit 63 Jahren vor sich liegen haben und daher kaum vorhersehen können, wann sie in Rente gehen wollen und wie hoch ihre künftige Rente sein wird.

Bei 46- bis 49-jährigen Versicherten sind es beispielsweise aber nur noch 17 bis 14 Jahre bis zur Frührente mit 63, also weniger als die Hälfte der erforderlichen 35 Jahre für langjährig Versicherte und schwerbehinderte Menschen. Die vorgezogene Altersrente mit beispielsweise 63 Jahren kann also durchaus vorhersehbar sein und eine Vorausschätzung der Rentenansprüche bis zu diesem Zeitpunkt auch bereits heute erfolgen.

Ein berechtigtes Interesse könnte bei dieser Altersgruppe durchaus schon vorliegen. Dem Autor dieses Ratgebers ist das Beispiel eines 47-jährigen pflichtversicherten Selbstständigen persönlich bekannt, der sein berechtigtes Interesse im Frühjahr 2017 nachgewiesen hat und die Berechnung des Ausgleichsbetrags zum Rückkauf seines Rentenabschlags

---

[28] http://www.sozialbeirat.de/files/gutachten_2016_sign.pdf
[29] http://dip21.bundestag.de/dip21/btd/18/097/1809787.pdf

von 14,4 Prozent bei Rentenbeginn in 2033 auf seinen Antrag hin problemlos von der Deutschen Rentenversicherung erhalten hat.

Teilzeitbeschäftigte Mütter im Alter von beispielsweise 48 oder 49 Jahren könnten ihr berechtigtes Interesse damit begründen, dass ihnen von ihrem Arbeitgeber derzeit die Rückkehr zur Vollzeitbeschäftigung verwehrt wird und sie somit in die berüchtigte Teilzeitfalle geraten. Damit ihre künftige Frührente wegen des hohen Rentenabschlags aber nicht zu niedrig ausfällt, bestünde schon jetzt ein Interesse am Rückkauf dieser Abschläge. Kaum denkbar, dass sich die Deutsche Rentenversicherung diesem Interesse an einer höheren Altersrente für Frauen verweigern würde. Schließlich ist die frühere Frauenaltersrente ab 60 Jahren für alle ab 1952 geborenen Frauen ausgelaufen.

Abgesehen von den geschilderten Sonderfällen gilt aber grundsätzlich: Wer ab 1.7.2017 Rentenabschläge zurückkaufen und damit kompensieren will, muss mindestens 50 Jahre alt sein (also beispielsweise Geburtsjahrgänge bis 1968 bei Antragstellung im Jahr 2018), in der gesetzlichen Rentenversicherung versichert sein und mindestens 35 Versicherungsjahre bis zum geplanten Rentenbeginn mit frühestens 63 Jahren erreichen können.

Liegen diese beiden persönlichen Voraussetzungen für einen Rückkauf von Abschlägen bei einer vorzeitigen Altersrente vor, muss der Versicherte eine **besondere Rentenauskunft**[30] bei der Deutschen Rentenversicherung (DRV) anfordern und das im Internet verfügbare **Formular V 0210** „Antrag auf Auskunft über die Höhe der Beitragszahlung zum Ausgleich einer Rentenminderung bei vorzeitiger Inanspruchnahme einer Rente wegen Alters" ausfüllen.

Sofern der Versicherte und Antragsteller die Wartezeit von 35 Jahren für die beabsichtigte Frührente mit zum Beispiel 63 Jahren erfüllen kann, erhält er von der Deutschen Rentenversicherung dann eine besondere

---

[30] § 109 Abs. 4 SGB VI, NEU ab 1.7.2017, siehe https://www.gesetze-im-internet.de/sgb_6/__109.html

Rentenauskunft mit Berechnung des Ausgleichsbetrages. Erst nach Erhalt dieser Berechnung entscheidet er, ob er den Ausgleichsbetrag zahlt oder nicht.

Er geht mit dieser sehr bürokratisch anmutenden Methode überhaupt kein Risiko ein. Erst mit Zahlung des Ausgleichsbetrags auf einen Schlag oder in Raten innerhalb von drei Monaten nach Erhalt der Berechnung hat er seine endgültige Entscheidung zum Rückkauf von Rentenabschlägen getroffen. Selbstverständlich ist das gesamte Verfahren gebührenfrei.

Ihr Antrag auf Zahlung eines Ausgleichsbeitrags zum Ausgleich von Abschlägen bei einer vorzeitigen Altersrente[31] wird immer dann akzeptiert, wenn Sie die für eine Frührente erforderliche 35-jährige Wartezeit mit rentenrechtlichen Zeiten erreichen können, aber höchstwahrscheinlich nicht die für eine abschlagsfreie Rente ab 63 erforderlichen 45 Versicherungsjahre. Insbesondere Akademiker werden die 45 Versicherungsjahre nicht nachweisen können, da sie nach Abschluss ihres Studiums bestenfalls 40 Versicherungsjahre bis zum vorgezogenen Rentenbeginn erreichen.

Die weitaus meisten Versicherten werden allerdings die 35-jährige Wartezeit schaffen, da auf diese spezielle Wartezeit für langjährig Versicherte oder Schwerbehinderte sämtliche rentenrechtlichen Zeiten angerechnet werden können, also außer den Pflichtbeitragszeiten auch Zeiten mit freiwilligen Beiträgen sowie beitragsfreie Zeiten wie zum Beispiel Anrechnungszeiten bis zu acht Jahren für die Schul- und Hochschulausbildung ab dem 17. Lebensjahr und Berücksichtigungszeiten bis zu sieben bzw. acht Jahren pro Kind für die Kindererziehung zusätzlich zu den drei bzw. zwei Pflichtbeitragsjahren.

Es ist keineswegs so, dass nur pflichtversicherte Arbeitnehmer Rentenabschläge zurückkaufen können. Auch freiwillig versicherte Selbstständige, Freiberufler, Beamte und nicht erwerbstätige Personen (zum

---

[31] § 187a SGB VI, NEU ab 1.7.2017, siehe https://www.gesetze-im-internet.de/sgb_6/__187a.html

Beispiel Hausfrauen bzw. –männer), die über Jahre oder gar Jahrzehnte freiwillige Beiträge zur gesetzlichen Rente gezahlt haben, können zum Abschlagsrückkauf berechtigt sein.

Sie müssen allerdings ebenfalls die Wartezeit von 35 Jahren mit rentenrechtlichen Zeiten bis zum Beginn der geplanten Frührente erfüllen können. Da sie mangels Arbeitgeber keine Arbeitgeber-Bescheinigung über das derzeit erzielte Gehalt vorlegen können, müssen sie der Deutschen Rentenversicherung die beabsichtigte Höhe der freiwilligen Beiträge mitteilen. Es reicht, wenn dabei auf die derzeit gezahlten Beiträge verwiesen wird.

Der Antrag auf Zahlung eines Ausgleichsbetrags wird nur dann abgelehnt, wenn der Versicherte bis zum gewünschten vorzeitigen Rentenbeginn die spezielle Wartezeit von 35 Jahren für langjährig Versicherte oder Schwerbehinderte nicht erreichen kann. Ob die abschlagsfreie Rente mit beispielsweise 64 Jahren für in 1958 geborene Versicherte nach einer Wartezeit von 45 Jahren noch erreichbar sein könnte, ist unerheblich.

Bei der speziellen 45-jährigen Wartezeit für besonders langjährig Versicherte werden nur Pflichtbeitragszeiten (einschließlich Zeiten der Arbeitslosigkeit mit Arbeitslosengeld I), Zeiten mit freiwilligen Beiträgen (sofern Pflichtbeiträge für mindestens 18 Jahre gezahlt wurden) und Berücksichtigungszeiten (zum Beispiel wegen Kindererziehung bis zu sieben bzw. acht Jahren pro Kind) mitgezählt.

Für einen Ausgleichsbetrag bei einer vorgezogenen Rente mit beispielsweise 63 Jahren für langjährig Versicherte kommen daher Versicherte infrage, die mindestens 35 Jahre an rentenrechtlichen Zeiten erreichen können und die Option auf eine abschlagsfreie Rente mit beispielsweise 64 bzw. 65 Jahren für die Jahrgänge 1958 bzw. ab 1964 nicht nutzen können oder wollen.

Die Rentenabschläge können nach Beginn der Frührente noch bis zum Erreichen der Regelaltersgrenze durch Zahlung eines Ausgleichsbetrags ausgeglichen werden. Wer bereits mit 63 Jahren eine Altersrente mit Abschlag bezogen hat, kann den Abschlag also auch noch in späteren Jahren abkaufen. Andererseits können Versicherte, die beispielsweise erst mit 64 oder 65 Jahren die Wartezeit von 35 Jahren erreichen, den Beginn ihrer Frührente um ein oder zwei Jahre verschieben.

Ausgleichsbeträge zum Abkaufen von Rentenabschlägen bei der Erwerbsminderungsrente sind nicht erlaubt. Bei Regelaltersrenten und abschlagsfreien Altersrenten für besonders langjährig Versicherte können Rentenabschläge und somit Ausgleichsbeträge für den Rückkauf logischerweise gar nicht anfallen. Es muss sich später also immer um eine vorgezogene Altersrente für langjährig Versicherte oder Schwerbehinderte handeln. Hinterbliebene wie Witwen oder Witwer können einen Abschlagsrückkauf nur für ihre eigene Altersrente vornehmen.

Wer Rentenabschläge bei seiner Frührente abkaufen will, muss zwar schriftlich erklären, dass er eine Altersrente vorzeitig beanspruchen will. An diese Absichtserklärung ist er aber nicht gebunden. Ab 1.7.2017 wird dies mit folgenden Worten klargestellt: *„Die Berechtigung zur Zahlung setzt voraus, dass der Versicherte erklärt, eine solche Rente in Anspruch nehmen zu wollen"*[32].

Wollen ist nicht Müssen. Das heißt: Sie können Ihre Absicht später auch ändern, auf die geplante vorgezogene Altersrente verzichten und beispielsweise erst mit Erreichen der Regelaltersgrenze in Rente gehen. In diesem Fall führt der gezahlte Ausgleichsbetrag über die zusätzlich erworbenen Entgeltpunkte zu einer Erhöhung der Regelaltersrente, also zu einem echten Mehr an Rente. Dieses Rentenplus kommt „on top" hinzu.

Dieser Weg - manche sprechen von einem Trick oder einer Rentenerhöhung durch die Hintertür - ist völlig legal und daher auch nicht angreifbar. Schließlich kann man niemanden zu einer Frührente zwingen, die er vor Jahren einmal eingeplant hatte. Der Abschlagskäufer allein entscheidet, ob er tatsächlich früher in Rente geht oder nicht. Eine aus persönlichen Gründen geänderte Ruhestandsplanung hinsichtlich des Rentenbeginns wird also akzeptiert.

---

[32] § 187a Abs. 1 Satz 2 SGB VI, NEU ab 1.7.2017, siehe a.a.O.

Ab 1.7.2017 sind auch jährliche oder halbjährliche Teilzahlungen zulässig. Der fast immer fünfstellige Ausgleichsbetrag muss also nicht auf einen Schlag in einer Summe gezahlt, sondern kann auch in Jahres- oder Halbjahresraten geleistet werden. Allerdings müssen für jede Teilzahlung neue Berechnungen vorgenommen werden, da sich die Rechengrößen wie Durchschnittsentgelt und Beitragssatz in späteren Jahren in aller Regel ändern. Der Ausgleichsbetrag wird dann quasi über einige Jahre „abgestottert". Monatliche Teilzahlungen sind allerdings nicht erlaubt.

Es besteht auch die Möglichkeit, den Ausgleichsbetrag auf nur einen Teil des Rentenabschlags zu beschränken. Somit gibt es sowohl für die Art der Zahlung (Einmal- oder Teilzahlung) als auch für die Höhe der Zahlung (voller oder nur teilweiser Rückkauf der Rentenabschläge) volle Flexibilität. Sogar eine Kombination von zeitlicher Streckung durch Teilzahlungen und betragsmäßiger Kürzung durch teilweisen Abschlagsrückkauf ist erlaubt.

Außerdem kann der Rentenabschlag und damit der Ausgleichsbetrag dadurch reduziert werden, dass die Frührente nicht mit 63 Jahren, sondern beispielsweise ein Jahr später eingeplant wird. In diesem Fall des Aufschiebens um ein Jahr wird der Rentenabschlag um 3,6 Prozentpunkte gemindert. Bei einer Frührente mit 65 Jahren sind dies bereits 7,2 Prozentpunkte weniger.

Der Rückkauf von Rentenabschlägen kann also sehr flexibel eingesetzt werden. Nur eins ist ausgeschlossen: Sie können sich den gezahlten Ausgleichsbetrag nicht wieder von der Deutschen Rentenversicherung erstatten lassen, wenn Sie das Geld für andere Zwecke benötigen. Daher muss der Rückkauf schon gut überlegt sein.

Leider ist der Rückkauf von Rentenabschlägen nicht nur weitgehend unbekannt, sondern auch recht kompliziert und erfordert hohe an die Deutsche Rentenversicherung zu zahlende Ausgleichsbeträge. Aus diesen Gründen führt er im Bereich der gesetzlichen Altersvorsorge bisher noch ein stiefmütterliches Dasein.

Weniger als 1.000 Personen pro Jahr haben diesen Weg in den letzten Jahren beschritten. Dabei ist die „Zahlung von Beiträgen bei vorzeitiger

Inanspruchnahme einer Rente wegen Alters", wie dieser Weg im Gesetz genannt wird[33], genau beschrieben. Allerdings erfolgt dies in einem für Laien unverständlichen Juristendeutsch. Manche Arbeitnehmer nehmen zudem irrtümlich an, sie müssten das Formular V0210 ihrem Arbeitgeber vorlegen, damit dieser eine entsprechende Entgeltbescheinigung erteilt.

Vorausbescheinigung des Arbeitgebers nicht erforderlich

Arbeitnehmer müssen indes keine Vorausbescheinigung ihres Arbeitgebers über *„das gegenwärtige beitragspflichtige Arbeitsentgelt aufgrund der bisherigen Beschäftigung und der bisherigen Arbeitszeit"* vorlegen, wie dies im entsprechenden Paragrafen unter Absatz 1 Satz 4 heißt. Denn der darauf unmittelbar folgende Satz 5 stellt klar: *„Soweit eine Vorausbescheinigung nicht vorliegt, ist von den durchschnittlichen monatlichen Entgeltpunkten der Beitragszeiten des Kalenderjahres auszugehen, für dass zuletzt Entgeltpunkte ermittelt werden können".*

Sie können sich also das Ausfüllen der Seiten 3 und 4 des Vordrucks V0210 und damit den Gang zu Ihrem Arbeitgeber sparen. Vorausbescheinigungen des Arbeitgebers einzuholen, ist schlicht überflüssig. Es ist sogar kontraproduktiv, wenn beispielsweise ein 58-jähriger Arbeitnehmer mit dem Wunsch an seinen Arbeitgeber herantritt, diese beiden Seiten auszufüllen.

Dadurch erfährt der Arbeitgeber aus erster Hand, dass sein Mitarbeiter die Firma beispielsweise schon mit 63 Jahren verlassen will, und denkt sich seinen Teil. Manchmal führt dies zu einer mittleren Tragödie und Katastrophe, wenn der Arbeitnehmer mit dem Vordruck V0210 zu seinem Chef oder dem Leiter der Personalabteilung geht. Beispiel: Unter „Zeitpunkt des beabsichtigten Rentenbeginns" trägt der Mitarbeiter ein Datum ein, mit dem niemand im Betrieb gerechnet hat. Und dann soll der Arbeitgeber auch noch eine Entgeltbescheinigung bzw. das Arbeitsentgelt „bis zum beabsichtigten Rentenbeginn" eintragen?

---

[33] § 187a SGB VI, NEU ab 1.7.2017, siehe a.a.O.

Zudem wird bei älteren Arbeitgebern, die gerade in Altersteilzeit gehen wollen, ein geringeres Entgelt bescheinigt. Dadurch sinkt der Ausgleichsbetrag, was dem künftigen Altersteilzeitler möglicherweise gar nicht recht ist. Ähnliches passiert bei teilzeitbeschäftigten Frauen, denen das Teilzeitentgelt bescheinigt wird, obwohl sie in einigen Jahren voraussichtlich wieder vollzeitbeschäftigt sein werden.

Die Einbindung des Arbeitgebers ist beispielsweise nur dann sinnvoll, wenn aktuell mehr Gehalt bezogen wird als im zuletzt gespeicherten Kalenderjahr. Eine Hochrechnung ohne Arbeitgeber-Bescheinigung ist immer bei regelmäßigen freiwilligen Beitragszahlern vorzunehmen und bei Solo-Selbstständigen, die praktisch ihre eigenen Arbeitgeber sind.

So oder so: Eine Vorausbescheinigung des Arbeitgebers ist bei freiwilligen Beitragszahlern und pflichtversicherten Selbstständigen gar nicht möglich und bringt bei fast allen Arbeitnehmern mehr Nachteile als Nutzen. Sie sollten also in aller Regel ganz darauf verzichten.

4.2. Höhe der Rentenabschläge in Prozent und Euro

Im Jahr 2016 erhielten 198.000 Neurentner eine Altersrente mit Abschlag. Dies waren 23 Prozent der gesamten Neuzugänge an Altersrenten. Der Rentenabschlag betrug im Durchschnitt 83 Euro für rund 26 Abschlagmonate. Im Jahr zuvor gab es 205.000 neue Altersrentner mit einem Rentenabschlag von 79 Euro und in 2014 waren es 197.000 mit 76 Euro für 23 Abschlagsmonate.

In den Jahren 2010 bis 2013 lag die Anzahl der abschlagspflichtigen Altersrenten mit 320.000 bis 238.000 deutlich höher. Sogar 113 Euro machte der Rentenabschlag für 38 Abschlagsmonate im Jahr 2010 aus, was insbesondere auf die damals beliebten Frauenaltersrenten und Altersrenten wegen Altersteilzeit oder nach Arbeitslosigkeit für vor 1952 geborene Versicherte zurückzuführen ist.

Der drastische Rückgang der abschlagspflichtigen Altersrenten in den Jahren 2014 bis 2016 ist eindeutig auf die Einführung der abschlagsfreien Altersrente für besonders langjährig Versicherte ab 1.7.2014 zurückzuführen. Ab 2018 wird die Anzahl der abschlagspflichtigen Altersrenten aber wieder steigen, da die Altersrenten für Frauen und wegen Altersteilzeit bzw. nach Arbeitslosigkeit für vor 1952 geborene Versicherte spätestens Ende 2017 auslaufen.

Auch die durchschnittlichen Rentenabschläge und die Zahl der Abschlagsmonate werden künftig deutlich steigen, da 63-jährige Frührentner in 2018 bereits auf 33 Abschlagsmonate kommen, wenn sie als langjährig Versicherte vorzeitig in Rente gehen. Bei einem Abschlagssatz von 9,9 Prozent einer monatlichen Bruttorente von beispielsweise 1.500 Euro macht der monatliche Rentenabschlag bereits 148,50 Euro aus. Beim Jahrgang 1958, der in 2024 mit 63 Jahren in Rente geht, sind es bereits 36 Abschlagsmonate bzw. drei Abschlagsjahre mit einem Rentenabschlag von 10,8 Prozent.

Noch schlechter sind die Jahrgänge ab 1964 dran, die als langjährig Versicherte ebenfalls mit 63 Jahren vorzeitig in Rente gehen wollen. Dann fallen bereits 48 Abschlagsmonate bzw. vier Abschlagsjahre sowie ein Rentenabschlag in Höhe von 14,4 Prozent der monatlichen Bruttorente an.

Grundsätzlich gilt: **Langjährig Versicherte** können bereits mit 63 Jahren vorzeitig in Rente gehen, sofern sie bis dahin die Wartezeit von 35 Jahren erfüllt haben.[34] Auf diese Wartezeit werden wie bei schwerbehinderten Menschen alle rentenrechtlichen Zeiten angerechnet, also auch alle Zeiten mit freiwilligen Beiträgen und Ausbildungszeiten bis zu acht Jahren nach dem vollendeten 17. Lebensjahr.

Für heute 60-Jährige mit Geburtsjahr 1958 gilt beispielsweise die Regelaltersgrenze von exakt 66 Jahren. Wenn Sie nun mit 63 Jahren und

---

[34] § 36 Abs. 2 SGB VI, siehe https://www.gesetze-im-internet.de/sgb_6/__36.html

damit drei Jahren bzw. 36 Monaten früher in Rente gehen wollen, beträgt der künftige Rentenabschlag 10,8 Prozent. Er wird wie folgt berechnet: 3,6 Prozent mal 3 Jahre oder 0,3 Prozent mal 36 Monate. Die Anzahl der Abschlagsmonate ergibt sich immer aus der Differenz zwischen der gewünschten Frührente mit beispielsweise 63 Jahren und der vom Geburtsjahrgang abhängigen Regelaltersgrenze. Der Rentenabschlag macht 0,3 Prozent für jeden vorzeitig in Anspruch genommenen Kalendermonat aus[35].

Tabelle 14: Höhe der Rentenabschläge in Prozent für langjährig Versicherte

bei Frührente mit 63 Jahren

Geburtsjahr	Anzahl der Monate vor Regelaltersgrenze	Rentenabschlag in Prozent bei Rente mit 63 Jahren
1952	30	9,0 %
1953	31	9,3 %
1954	32	9,6 %
1955	33	9,9 %
1956	34	10,2 %
1957	35	10,5 %
1958	36	10,8 %
1959	38	11,4 %
1960	40	12,0 %
1961	42	12,6 %
1962	44	13,2 %
1963	46	13,8 %
ab 1964	48	14,4 %

[35] § 77 Abs. 2 Nr. 2a SGB VI, siehe https://www.gesetze-im-internet.de/sgb_6/__77.html

Um Klarheit zu gewinnen über die Anzahl der Abschlagsmonate und die Höhe des Rentenabschlags in Prozent der monatlichen Bruttorente, lohnt sich der Blick auf die Abschlagstabelle für langjährig Versicherte.

Auch bei schwerbehinderten Menschen gibt es Rentenabschläge bei vorzeitigem Rentenbeginn mit 63 Jahren. Wer beispielsweise in 1958 geboren und bei Rentenbeginn schwerbehindert ist, kann erst mit 64 Jahren abschlagsfrei in Rente gehen. Wenn er aber die Schwerbehindertenrente schon mit 63 Jahren beziehen will, muss er einen Rentenabschlag von 3,6 Prozent für ein Jahr bzw. 12 Abschlagsmonate in Kauf nehmen. Dies sind zwei Abschlagsjahre und immerhin 7,2 Prozentpunkte weniger im Vergleich zur abschlagspflichtigen Altersrente für langjährig Versicherte ab 63.

Die Tabelle 15 für schwerbehinderte Menschen unterscheidet sich von der Tabelle 14 für langjährig Versicherte dadurch, dass die Anzahl der Abschlagsmonate für alle Geburtsjahrgänge ab 1958 ebenso wie die Höhe des Rentenabschlags in Prozent deutlich reduziert wird.

Ab Jahrgang 1964 wird die Anzahl der Abschlagsmonate bei schwerbehinderten Menschen auf 24 beschränkt, so dass der Rentenabschlag von 14,4 Prozent für langjährig Versicherte mit 63er-Rente auf 7,2 Prozent für schwerbehinderte Menschen sinkt. Abschlagsmonate und Abschlagssatz werden also für alle Jahrgänge ab 1964 mit anerkannter Schwerbehinderung halbiert.

Schwerbehinderte ersparen sich im Vergleich zu den langjährig Versicherten somit die Rentenabschläge für zwei Jahre. Dieser geringere Rentenabschlag und die Vorverlegung der Regelaltersgrenze von 67 Jahren auf die abschlagsfreie Altersgrenze von 65 Jahren für ab 1964 geborene schwerbehinderte Menschen stellen echte finanzielle und zeitliche Vorteile vor.

Auch bei den Jahrgängen 1952 bis 1957 werden Rentenabschläge für zwei Jahre eingespart. Wer beispielsweise in 1955 geboren und schwerbehindert ist, muss nur für 9 statt 33 Monate Rentenabschläge zahlen. Sein Abschlagssatz sinkt dadurch von 9,9 Prozent auf nur noch 2,7 Prozent.

Nur 1,8 Prozent waren es beim Jahrgang 1952, der in 2015 mit 63 Jahren als schwerbehinderter Mensch in Rente ging.

Tabelle 15: Höhe der Rentenabschläge in Prozent für Schwerbehinderte

bei Frührente mit 63 Jahren

Geburtsjahr	Anzahl der Monate vor abschlagsfreier Altersgrenze	Rentenabschlag in Prozent bei Rente mit 63 Jahren
1952	6	1,8 %
1953	7	2,1 %
1954	8	2,4 %
1955	9	2,7 %
1956	10	3,0 %
1957	11	3,3 %
1958	12	3,6 %
1959	14	4,2 %
1960	16	4,8 %
1961	18	5,4 %
1962	20	6,0 %
1963	22	6,6 %
ab 1964	24	7,2 %

„Früher in Rente mit Abschlag" für langjährig Versicherte und Schwerbehinderte ist quasi das Kontrastprogramm zu „Später in Rente mit Zuschlag" beim Rentenaufschub. Wenn Sie bis zum Alter von 63 die rentenrechtlichen Zeiten von mindestens 35 Jahren nicht erreichen, können Sie einige Monate weiter arbeiten oder, wenn Sie nicht mehr pflichtversichert sind, freiwillige Beiträge zur gesetzlichen Rente zahlen. Sie gehen dann halt nach Erfüllung der 35-jährigen Wartezeit mit beispielsweise 63 Jahren und 6 Monaten in Rente und reduzieren dadurch gleichzeitig den Rentenabschlag um 1,8 Prozent.

Der künftige Rentenabschlag in Prozent der Frührente hängt somit vom geplanten vorzeitigen Rentenbeginn und dem Geburtsjahrgang des langjährig Versicherten oder schwerbehinderten Menschen ab. Um auch den Rentenabschlag in Euro zu berechnen, muss die künftige Altersrente bekannt sein. Die Deutsche Rentenversicherung erstellt dazu eine Hochrechnung. Sie geht bei Pflichtversicherten vom aktuellen beitragspflichtigen Arbeitsentgelt aus, also dem monatlichen Bruttogehalt.

Beispiel für einen am 1.1.1958 geborenen langjährig Versicherten mit Frührente ab 63 Jahren: Wenn dessen aktuelles Entgelt exakt so hoch wäre wie das vorläufige Durchschnittsentgelt West von monatlich 3.156 Euro im Jahr 2018, würden sich die bis Ende 2017 zum Beispiel erreichten 37 Entgeltpunkte noch um drei weitere Entgeltpunkte vom 1.1.2018 bis zum Rentenbeginn am 1.1.2021 erhöhen, so dass dieser langjährig Versicherte insgesamt 40 Entgeltpunkte im Alter von 63 Jahren erreichen könnte.

Die künftige Altersrente dieses Durchschnittsverdieners im Westen läge dann bei brutto 1.241,20 Euro nach heutigem Stand (= 40 Entgeltpunkte x 31,03 Euro als aktueller Rentenwert West vom 1.7.2017 bis 30.6.2018). Der Rentenabschlag von 10,8 Prozent dieser Altersrente würde sich dann auf 134,05 Euro monatlich belaufen. Höchstens dieser Rentenabschlag, der sich aus der höchstmöglichen Minderung von Entgeltpunkten ergibt (hier 4,32 Entgeltpunkte = 40 Entgeltpunkte x 0,108), kann dann durch Zahlung eines Ausgleichsbetrages zurückgekauft werden.

Der Versicherte kann aber beispielsweise, wie bereits erwähnt, auch nur einen Teil des Rentenabschlags (zum Beispiel drei Viertel, zwei Drittel oder die Hälfte) durch Zahlung eines Ausgleichsbetrags kompensieren.

Für Ost-Versicherte gelten zwar die gleichen prozentualen Rentenabschläge. Die Höhe der Rentenabschläge in Euro liegt aber unter denen im Westen, da der aktuelle Rentenwert Ost ab 1.7.2017 nur 29,69 Euro ausmacht. Bei erreichbaren 40 Beitragsjahren mit Durchschnittsverdienst errechnet sich somit eine künftige Altersrente Ost von 1.187,60 Euro nach heutigem Stand (= 40 Entgeltpunkte x 29,69 Euro) und im Beispielfall des 58-Jährigen mit 63er-Frührente ein Rentenabschlag von 128,26 Euro (= 1.187,60 Euro x 0,108). Dies sind gut 4 Prozent weniger im Vergleich zum Rentenabschlag West.

Nach der vollständigen Ost-West-Rentenangleichung werden diese Unterschiede ab 1.7.2024 bei der Berechnung des Rentenabschlags in Euro allerdings entfallen.

4.3. Höhe des Ausgleichsbetrags

Kopfzerbrechen bereitet vielen Versicherten verständlicherweise die Berechnung des Ausgleichsbetrags. Wie dieser Betrag im Einzelnen berechnet wird, geht aus der besonderen Rentenauskunft hervor, die Ihnen von der Deutschen Rentenversicherung auf Ihren Antrag hin zugesandt wird.

Sie müssen den Betrag also nicht selbst berechnen oder von Fachleuten berechnen lassen. Dennoch sollten Sie wissen, wie sich der Ausgleichsbetrag prinzipiell berechnet und in welcher Größenordnung dieser Betrag bei Ihnen ausfallen wird.

Grundsätzlich hängt die Höhe des Ausgleichsbetrages von den erreichbaren Entgeltpunkten zum Zeitpunkt der beabsichtigten Frührente, der daraus errechneten Bruttorente, dem davon abgezogenen Rentenabschlag und dem vorläufigen Durchschnittsentgelt im Jahr der Zahlung ab. Im Folgenden wird angenommen, dass die abschlagspflichtige Altersrente mit 63 für langjährig Versicherte nach 40 Pflichtbeitragsjahren erreicht wird.

Durchschnittsverdiener kommen dann auf 40 Entgeltpunkte und im Westen auf eine gesetzliche Rente von monatlich 1.241,20 Euro (= 40 Entgeltpunkte x 31,03 Euro). Bei Gutverdienern wird diese Rente um 50 Prozent auf 1.861,80 Euro (= 60 Entgeltpunkte x 31,03 Euro) steigen und bei Höherverdienern, deren Gehalt alle 40 Beitragsjahre über der Beitragsbemessungsgrenze in der gesetzlichen Rentenversicherung lag, um 90 Prozent auf 2.358,23 Euro (= 76 Entgeltpunkte x 31,03 Euro).

Für in 1958 geborene Versicherte, die mit 63 Jahren vorzeitig in Rente gehen wollen, beträgt der Rentenabschlag 10,8 Prozent der jeweiligen Bruttorente, also im Beispiel 134,05 Euro bei Durchschnittsverdienern.

Bei Höherverdienern macht der Rentenabschlag 201,07 Euro und bei Spitzenverdienern 254,69 Euro aus.

Durchschnittsverdiener müssten dann einen Ausgleichsbetrag von 34.116 Euro in 2018 zahlen. Bei Höherverdienern wären es 51.174 Euro und bei Höherverdienern 64.821 Euro, sofern sie den Ausgleichsbetrag auf einen Schlag entrichten würden.

Wer es ganz genau wissen will, kann sich auch die Formel ansehen, nach der Ausgleichsbeträge von der Deutschen Rentenversicherung berechnet werden. Die Formel zur Berechnung des Ausgleichsbetrags enthält insgesamt fünf Faktoren:

Ausgleichsbetrag = [(erreichbare Entgeltpunkte x Rentenabschlag in Prozent) x (vorläufiges Durchschnittsentgelt x Beitragssatz)] : Zugangsfaktor

In der Mitteilung der Deutschen Rentenversicherung über die Höhe des von ihr berechneten Ausgleichsbetrags findet sich die auf drei Faktoren verkürzte Formel:

Ausgleichsbetrag = [Entgeltpunkte-Minderung x Umrechnungsfaktor]: Zugangsfaktor

Zur Erklärung: Die **Minderung der Entgeltpunkte** wird also durch die Multiplikation der erreichbaren Entgeltpunkte mit dem Rentenabschlagssatz berücksichtigt. Aus der Multiplikation des vorläufigen Durchschnittsentgelts mit dem Beitragssatz errechnet sich der **Umrechnungsfaktor**. Schließlich wird der **Zugangsfaktor** ermittelt, indem der Rentenabschlag zwischen 0,099 und 0,144 für Geburtsjahrgänge 1955 bis 1967 für langjährig Versicherte bei vorgezogener Altersrente mit 63 Jahren von der Zahl 1 abgezogen wird.

Hierzu eine Musterrechnung:

Für einen im Jahr 1958 geborenen langjährig Versicherten im Westen mit 40 erreichbaren Entgeltpunkten und einem Rentenabschlag von 10,8 Prozent für die Rente mit 63 errechnet sich im Jahr 2018 folgender Ausgleichsbetrag:

Ausgleichsbetrag

$$= [(40 \times 0{,}108) \times (37.873 \times 0{,}186)] : 0{,}892$$

$$= [\, 4{,}32 \times 7.044{,}378 \,] : 0{,}892 = 34.116{,}27 \; Euro$$

Mit einer Einmalzahlung von 34.116,27 Euro könnte dieser in 1958 geborene Versicherte einen Rentenabschlag von 134,05 Euro (= 4,32 Entgeltpunkte x 31,03 Euro aktueller Rentenwert West am 1.7.2017) im Jahr 2018 ausgleichen. Der jährliche Rentenabschlag von 1.608,60 Euro macht 4,7 Prozent des Ausgleichsbetrags von 34.116 Euro aus.

Diese 4,7 Prozent klingen wenig, aber mit einem gleich hohen Einmalbeitrag in einer klassischen Rürup-Rentenversicherung oder einer privaten Rentenversicherung kommt mit Sicherheit weniger heraus.

Bedenken Sie auch, dass der kompensierte Rentenabschlag quasi zu einer höheren Rente bereits ab 63 Jahren führt und jährliche Rentensteigerungen noch gar nicht berücksichtigt sind. Bei einer Rentendauer von 22 Jahren ab einem Alter von 63 Jahren und einer jährlichen Rentensteigerung von 2 Prozent läge die Rentensumme immerhin bei 59.600 Euro brutto und damit rund 75 Prozent über dem Ausgleichsbetrag.

In der Tabelle 16 werden für die Jahrgänge ab 1955 sowohl die Ausgleichsbeträge pro Entgeltpunkt als auch die Ausgleichsbeträge für Durchschnittsverdiener West mit erreichbaren 40 Entgeltpunkten zum 63. Lebensjahr bei Einmalzahlung in 2018 angegeben. Hierbei wurden also 40 Pflichtbeitragsjahre mit durchschnittlich einem Entgeltpunkt pro Jahr unterstellt und somit 40 Jahre mit Durchschnittsverdienst.

Der in 1964 bis 1967 geborene langjährig Versicherte West müsste im Jahr 2018 somit die stolze Summe von 47.401 Euro zahlen. Der jährlich ersparte Rentenabschlag von 2.144,76 Euro würde dann nur 4,5 Prozent dieses Ausgleichsbetrags ausmachen. Verständlich, dass angesichts einer solch hohen Summe viele spontan mit „Das lohnt sich doch nicht" abwinken. Dies ist aber voreilig, wie die Überlegungen im nächsten Kapitel zeigen.

EXTRABEITRÄGE ZUR GESETZLICHEN RENTE

Tabelle 16: Ausgleichsbeträge im Jahr 2018 für langjährig Versicherte West

bei 40 erreichbaren Entgeltpunkten im Alter von 63 Jahren

Jahr-gang	Rentenabschlag in % und Euro	Ausgleichs-betrag pro EP*	Entgelt-punkte Minderung**	Ausgleichs-betrag insgesamt***
1955	9,9% = 122,88 €	7.818,40€	3,96	30.960,86 €
1956	10,2% = 126,60 €	7.844,52 €	4,08	32.005,64 €
1957	10,5% = 130,33 €	7.870,81 €	4,20	33.057,42 €
1958	10,8% = 134,05 €	7.897,28 €	4,32	34.116,27 €
1959	11,4% = 141,50 €	7.950,77 €	4,56	36.255,49 €
1960	12,0% = 148,94 €	8.004,98 €	4,80	38.423,88 €
1961	12,6% = 156,44 €	8.059,93 €	5,04	40.622,04 €
1962	13,2 % = 163,84 €	8.115,64 €	5,28	42.850,59 €
1963	13,8 % = 171,29 €	8.172,13 €	5,52	45.110,70 €
1964f	14,4 % = 178,73 €	8.229,41 €	5,76	47.401,42 €

*) Ausgleichsbetrag pro Entgeltpunkt (EP) = (Durchschnittsentgelt West 37.873 Euro in 2018 x Beitragssatz 0,186) : Zugangsfaktor

**) Entgeltpunkte-Minderung = 40 Entgeltpunkte x Rentenabschlag

***) Ausgleichsbetrag insgesamt = Ausgleichsbetrag pro Entgeltpunkt x Entgelt-punkte-Minderung

121

4.4. Gesetzliche Rente aus dem Ausgleichsbetrag

Manche glauben, dass die **klassische Rürup-Rente** besser abschneidet als die gesetzliche Rente. Dies ist aber beim Vergleich von gesetzlicher Rente aus Ausgleichsbetrag und Rürup-Rente aus einem gleich hohen Einmalbeitrag nur ganz selten der Fall.

Tatsächlich kann man die gesetzliche Rente mit der Rürup-Rente gut vergleichen, da für beide die gleichen steuerlichen Regeln über die von Jahr zu Jahr steigende steuerliche Abzugsfähigkeit der Rentenbeiträge und den steuerpflichtigen Teil der Renten gelten.

Faire Vergleiche zeigen aber eindeutig, dass der ersparte Rentenabschlag als gesetzliche Rente aus dem Rückkauf von Rentenabschlägen bei allen Jahrgängen bis 1964 eine vergleichbare Rürup-Rente mit Hinterbliebenenabsicherung schlägt.

Dies gilt für den Vergleich von garantierten und möglichen Renten aus Ausgleichs- oder Einmalbeitrag. Und es gilt auch dann noch, wenn man von einem gesetzlich krankenversicherten Rentner ausgeht, bei dem von der gesetzlichen Rente brutto noch Beiträge zur gesetzlichen Kranken- und Pflegeversicherung von rund 11 Prozent abgezogen werden.

Selbst der ersparte Rentenabschlag nach Kranken- und Pflegekassenbeitrag liegt noch höher als die Rürup-Rente ohne Abzug von Beiträgen zur gesetzlichen Kranken- und Pflegeversicherung. Für freiwillig gesetzlich krankenversicherte Rentner lohnt sich die Rürup-Rente sowieso nicht, da in diesem Fall noch bis zu rund 18 Prozent für den Kranken- und Pflegekassenbeitrag abzuziehen sind.

Privat krankenversicherte Rentner erhalten zudem einen Zuschuss in Höhe von 7,3 Prozent der gesetzlichen Rente brutto. Dann schneidet die gesetzliche Rente im Vergleich zur Rürup-Rente noch besser ab.

**Tabelle 17: Gesetzliche Rente schlägt Rürup-Rente
bei garantierten Renten**

(für einen Ausgleichs- bzw. Einmalbeitrag von 30.000 Euro)

Jahr-gang	gesetzliche Rente West*	Rürup-Rente mit HB**	Rürup-Rente ohne HB***
1955	119 €	91 €	101 €
1956	119 €	92 €	102 €
1957	118 €	92 €	103 €
1958	118 €	93 €	104 €
1959	117 €	94 €	105 €
1960	116 €	95 €	106 €
1961	115 €	96 €	107 €
1962	115 €	97 €	107 €
1963	114 €	97 €	108 €
1964	113 €	98 €	109 €
1965	113 €	99 €	110 €
1966	113 €	100 €	111 €
1967	113 €	101 €	112 €
1968	113 €	102 €	113 €

*) garantierte gesetzliche Rente West als ersparter Rentenabschlag brutto pro Monat aus Ausgleichsbetrag in 2018 ohne Annahme von Rentensteigerungen bis zur vorgezogenen Altersrente mit 63 Jahren (bei privat Krankenversicherten 107,3 % der Bruttorente und bei gesetzlich Krankenversicherten 89 % der Bruttorente)

**) garantierte Rürup-Rente brutto pro Monat aus Einmalbeitrag in 2018 einschließlich voller Hinterbliebenenabsicherung durch Beitrags- und Kapitalrückgewähr nach Tarif Europa (bei freiwillig gesetzlich Krankenversicherten nur 82,3 % der Bruttorente)

***) garantierte Rürup-Altersrente brutto pro Monat aus Einmalbeitrag in 2018 ohne Rentengarantie und ohne Hinterbliebenenabsicherung nach Tarif Europa (bei freiwillig gesetzlich Krankenversicherten nur 82,3 % der Bruttorente)

In der Tabelle 17 werden zunächst die garantierten Renten miteinander verglichen für einen Ausgleichs- bzw. Einmalbeitrag von 30.000 Euro. Bei der garantierten Rürup-Rente werden dabei zwei Fälle unterschieden, und zwar mit oder ohne finanzielle Absicherung des hinterbliebenen Ehegatten bzw. eingetragenen Lebenspartners. Die garantierten Rürup-Renten sind dem Tarif der Europa Lebensversicherung entnommen, die zu den besten Anbietern von klassischen Rürup-Renten zählt.

Auch bei den möglichen Renten liegt die gesetzliche Rente vorn, wie die Tabelle 18 zeigt. Für alle Jahrgänge von 1955 bis 1968 schlägt die mögliche gesetzliche Rente West eine mögliche Rürup-Rente beim Versicherer Europa.

Bei der möglichen gesetzlichen Rente wird eine durchschnittliche Rentensteigerung von 2 Prozent pro Jahr unterstellt wie im Rentenversicherungsbericht 2017 der Bundesregierung. Bei der möglichen Rürup-Rente legt der Direktversicherer Europa eine laufende Verzinsung von jährlich 3 Prozent zugrunde.

Ein in 2018 erfolgter Rückkauf von Rentenabschlägen führt bei sonst gleichen Bedingungen (erreichbare Entgeltpunkte bis zum vollendeten 63. Lebensjahr, Rentenabschlag in Prozent und Zugangsfaktor) für Ost-Versicherte mit Jahrgang 1955 bis 1968 zu noch günstigeren Ergebnissen, wie später noch gezeigt wird. Der Ausgleichsbetrag ist deutlich niedriger, da das Durchschnittsentgelt Ost in 2018 knapp 11 Prozent unter dem Durchschnittsentgelt West liegt. Dieser Vorteil wird zwar bei in 2019 bis 2024 gezahlten Ausgleichsbeträgen stufenweise abgebaut, bleibt aber für in 2018 gezahlte Beträge bestehen.

Da andererseits die aktuellen Rentenwerte Ost und damit die Renten von 2018 bis 2024 stufenweise an die aktuellen Rentenwerte West angeglichen werden, ist ein Rückkauf von Rentenabschlägen für Ost-Versicherte wegen des stabilen Beitragssatzes von 18,6 Prozent insbesondere in den Jahren 2018 bis 2022 lohnend.

Die Zahlung des Ausgleichsbetrages schon im Jahr 2018 ist für rentennahe Ost-Versicherte darüber hinaus attraktiv, weil die gesetzliche Rente Ost bis zu 1.7.2024 auf das Niveau der gesetzlichen Rente West angeglichen wird.

Tabelle 18: Gesetzliche Rente schlägt Rürup-Rente bei möglichen Renten

(für einen Ausgleichs- bzw. Einmalbeitrag von 30 000 Euro)

Jahr-gang	gesetzliche Rente West*	Rürup-Rente mit HB**	Rürup-Rente ohne HB***
1955	122 €	91 €	101 €
1956	124 €	92 €	102 €
1957	126 €	93 €	103 €
1958	128 €	94 €	104 €
1959	131 €	95 €	105 €
1960	133 €	96 €	107 €
1961	136 €	99 €	110 €
1962	138 €	102 €	113 €
1963	140 €	105 €	116 €
1964	142 €	108 €	120 €
1965	145 €	112 €	124 €
1966	148 €	115 €	128 €
1967	151 €	119 €	132 €
1968	154 €	123 €	136 €

*) mögliche gesetzliche Rente West als ersparter Rentenabschlag brutto pro Monat aus Ausgleichsbetrag in 2018 mit Annahme einer jährlichen Rentensteigerung von 2 % bis zur vorgezogenen Altersrente mit 63 Jahren

**) mögliche Rürup-Rente brutto pro Monat aus Einmalbeitrag in 2018 bei laufender Verzinsung von 3 % einschließlich voller Hinterbliebenenabsicherung durch Beitrags- und Kapitalrückgewähr nach Tarif Europa (bei freiwillig gesetzlich Krankenversicherten nur 82,3 % der Bruttorente)

***) mögliche Rürup-Rente brutto pro Monat aus Einmalbeitrag in 2017 bei laufender Verzinsung von 3, % ohne Rentengarantie und ohne Hinterbliebenenabsicherung nach Tarif Europa (bei freiwillig gesetzliche Krankenversicherten nur 82,3 % der Bruttorente)

Vorteilhafte Teilzahlungen

Die in der Tabelle 16 genannten Ausgleichsbeträge zwischen rund 31.000 und 47.000 Euro für in 1955 bis 1968 geborene Durchschnittsverdiener im Westen sind auf den ersten Blick erschreckend hoch. Bei einem Gutverdiener mit 60 erreichbaren Entgeltpunkten bis zum 63. Lebensjahr würden sie je nach Geburtsjahrgang sogar auf 47.000 bis 71.000 Euro steigen. Dennoch können sie sich lohnen, wie im Folgenden gezeigt wird.

Klar ist zunächst einmal, dass solch hohe Ausgleichsbeträge in aller Regel nur bei frei werdenden Geldern aus beispielsweise Kapital-Lebensversicherungen, Abfindungen des Arbeitgebers oder Erbschaften finanziell aufzubringen sind.

Versicherte sollten aber nicht vorzeitig aufgeben, da sie den gesamten Ausgleichsbetrag auch in Form von Teilzahlungen leisten können. In der Regel wird es wohl eine Teilzahlung in Jahresraten sein.

Die jährliche Teilzahlung am Ende eines Jahres empfiehlt sich gleich aus zwei Gründen: Erstens sind Teilzahlungen in den fünf guten Rentenjahren von Anfang 2018 bis Ende 2022 wirtschaftlich sinnvoll, da der Beitragssatz mit 18,6 Prozent stabil bleibt und die aktuellen Rentenwerte sowie künftigen Renten in etwa so steigen wie die Löhne. Daher bleibt auch das Rentenniveau in diesen Jahren nahezu stabil.

Drei, vier oder fünf Teilzahlungen empfehlen sich auch aus steuerlichen Gründen, da der **Höchstbetrag für steuerlich abziehbare Altersvorsorgeaufwendungen**[36] im Jahr 2018 bei 23.712 Euro für Alleinstehende oder 47.424 Euro für Verheiratete liegt und die Steuerprogression des Versicherten durch die Verteilung des Ausgleichsbetrages auf mehrere Jahre niedriger ausfällt.

Bei sozialversicherungspflichtigen Arbeitnehmern vermindert sich der genannte Höchstbetrag allerdings um den Gesamtbeitrag zur gesetzlichen Rentenversicherung, der 18,6 Prozent des Jahresbruttogehalts ausmacht. Ähnliches gilt für versicherungsfreie Beamte, bei denen ein fiktiver Gesamtbeitrag abgezogen wird.

Spitzenverdiener mit Bruttogehältern oberhalb der **Beitragsbemessungsgrenze** von 78.000 Euro in der gesetzlichen Rentenversicherung

---

[36] § 10 Abs. 3 EStG, siehe https://www.gesetze-im-internet.de/estg/__10.html

West müssen im Jahr 2018 beispielsweise 14.508 Euro (= 18,6 Prozent von 78.000 Euro) vom steuerlichen Höchstbetrag abziehen und kommen dann auf einen Restbetrag von 9.204 Euro bei Alleinstehenden oder 32.916 Euro bei Verheirateten. Davon sind dann 86 Prozent in 2018 steuerlich abzugsfähig, also 8.836 beziehungsweise 31.599 Euro. In den Jahren 2019 bis 2022 steigen die steuerlich abzugsfähigen Sätze auf 88 bis 94 Prozent.

Teilzahlungen in den Jahren 2018 bis 2022 sind also der Königsweg aus wirtschaftlicher und steuerlicher Sicht, sofern der Beginn der 63er-Rente für den Jahrgang 1959 in 2022 erfolgt. Aber auch bei einem späteren Beginn der 63er-Rente wie beispielsweise in 2027 für Jahrgang 1964 empfiehlt es sich, die Teilzahlungen auf die Jahre 2018 bis 2022 zu konzentrieren.

Wer in 1968 geboren ist und in 2018 seinen 50. Geburtstag feiert, sollte ähnlich verfahren. Zwar sind theoretisch 26 Halbjahresraten (= 13 Jahre x 2 Zahlungen im Jahr) möglich bis zur vorgezogenen Rente mit 63 Jahren. Teilzahlungen insbesondere ab dem Jahr 2024 sind aber eher ungünstig, da die Beitragssätze bis 2031 deutlich steigen und die Renten weniger stark steigen als die Löhne, was das Rentenniveau nach unten drückt.

Bei den angegebenen Jahresbeträgen ist zu beachten, dass diese ab dem Jahr 2019 mit steigendem Durchschnittsentgelt ebenfalls steigen werden, also dynamisch nach oben angepasst werden. Dies ist aber unproblematisch, da gleichzeitig auch die im Jahr 2018 berechneten Rentenabschläge entsprechend der jährlichen Erhöhung des aktuellen Rentenwerts dynamisiert werden. Steigende Teilzahlungsraten, die nur durch den Anstieg der Durchschnittsentgelte bedingt sind, führen also letztlich auch zu höheren Renten.

Wenn die jährlichen Teilzahlungsbeträge die vorhandenen finanziellen Mittel übersteigen, gibt es noch einen weiteren Ausweg. Versicherte könnten bei der Deutschen Rentenversicherung den Antrag stellen, die Berechnung des Ausgleichsbetrages zum Beispiel auf drei Viertel, zwei Drittel oder die Hälfte des Rentenabschlags zu reduzieren. Beispiel:

Wenn Sie im Jahr 1958 geboren sind, müssen Sie grundsätzlich mit einem Rentenabschlag von 10,8 Prozent rechnen. Bei Halbierung sind es nur 5,4 Prozent. Folge: Ihr Ausgleichsbetrag von 51.174 Euro als Höherverdiener mit 60 erreichbaren Entgeltpunkten wird ebenfalls halbiert auf 25. 587 Euro.

Wenn dann der halbierte Ausgleichsbetrag auf fünf Jahre gleichmäßig verteilt wird, errechnet sich nur noch eine jährliche Teilzahlung von 5.117 Euro. Bei dieser doppelten Flexibilisierung (Teile von Rentenabschlägen und jährliche Teilzahlungen) teilt man also zunächst den Ausgleichsbetrag zum Beispiel durch die Hälfte und dann noch den halbierten Ausgleichsbetrag durch die Anzahl der Beitragsjahre. Diese „doppelte Teilung" führt dann zur erwünschten Senkung der jährlichen Teilzahlungsraten.

Selbstverständlich zieht ein halbierter Ausgleichsbetrag auch bei der Kompensation des Rentenabschlags eine Halbierung nach sich. Statt 201,07 Euro gleicht der Höherverdiener jetzt nur noch einen Rentenabschlag in Höhe von 100,54 Euro aus. Die Wirkung ist aber der gleiche.

Der Ausgleichsbetrag kann also in Abhängigkeit von der Höhe (volle oder teilweise Kompensation des Rentenabschlags) und der Zahlungsweise (Einmalzahlung oder Teilzahlung über mehrere Jahre) sehr flexibel eingesetzt werden.

Flexibler Rückkauf von Rentenabschlägen

Der Rückkauf von Rentenabschlägen ist beileibe nicht so starr, wie viele glauben. Er kann tatsächlich sehr flexibel sein und sich passgenau an Ihre individuellen Wünsche anpassen.

Was beim Rückkauf von Rentenabschlägen alles möglich ist, sollen die folgenden Hinweise zeigen. Sie können Ihre Zahlungen beispielsweise durch drei Maßnahmen kürzen:

1. Verteilung auf mehrere Jahre (Teilzahlungen statt Einmalzahlung)
2. teilweiser Ausgleich (Teile von Abschlägen statt voller Abschlag)
3. spätere Frührente (Rente mit 64 oder 65 statt Rente mit 63).

Selbstverständlich müssen Sie nicht die vorgezogene Altersrente mit 63 Jahren einplanen. Für jedes Jahr, das Sie später in Rente gehen wollen, sinkt der Rentenabschlag um 3,6 Prozentpunkte und für jeden Monat später um 0,3 Prozentpunkte. Bei der Frührente mit 64 sinkt der Rentenabschlag für die Jahrgänge 1964 bis 1967 somit von 14,4 auf 10,8 Prozent und bei der 65er-Frührente sogar auf 7,2 Prozent. Dadurch sinkt auch der jeweilige Ausgleichsbetrag.

Langjährig Versicherte müssen auch nicht wie ursprünglich geplant mit beispielsweise 63 Jahren in Rente gehen. Sie können selbstverständlich auch bis zum Erreichen der Regelaltersgrenze weiterarbeiten oder sogar darüber hinaus.

Falls beispielsweise ein im Jahr 1958 geborener Arbeitnehmer statt mit 63 erst mit 66 Jahren in Rente geht, fällt wegen Erreichens der Regelaltersgrenze überhaupt kein Rentenabschlag an. Er bekommt nun aber nicht den bereits gezahlten Ausgleichsbetrag zurück, sondern eine Zusatzrente oben drauf und damit insgesamt eine höhere Regelaltersrente. Es handelt sich somit um ein echtes Rentenplus.

Dieses Rentenplus mit 66 ist rund 12 Prozent höher als das Rentenplus mit 63, was auf den fehlenden Rentenabschlag bei der Regelaltersrente zurückzuführen ist. Tatsächlich führt der Ausgleichsbetrag zu Entgelt- bzw. Rentenpunkten, die dem Regelaltersrentner dann ungekürzt zur Verfügung stehen.

Der Rückkauf von Rentenabschlägen in Form von Einmal- oder Teilzahlungen ist grundsätzlich nur bis zum Erreichen der Regelaltersgrenze möglich. Die Zahlung des Ausgleichsbetrags muss wie der geplante vorzeitige Rentenbeginn also auf jeden Fall vor Erreichen der Regelaltersgrenze liegen, da nur in diesem Fall Rentenabschläge anfallen.

Sie könnten aber auch auf die grundsätzlich abschlagspflichtige Frührente mit beispielsweise 63 Jahren verzichten und später die abschlagsfreie Rente nach 45 Versicherungsjahren in Anspruch nehmen. Auch in diesem Falle erhöht sich Ihre bereits abschlagsfreie Altersrente durch die zusätzlich erworbenen Entgeltpunkte. Allerdings setzt dies voraus, dass

Sie noch vor Erreichen der Regelaltersgrenze auf 45 Versicherungsjahre kommen und damit als besonders langjährig Versicherter gelten.

Optimale Beratung über Ausgleich von Rentenabschlägen

Wenn langjährig Versicherte wegen des Rückkaufs von Rentenabschlägen die örtliche Beratungsstelle der Deutschen Rentenversicherung aufsuchen, hören sie nicht selten „Das lohnt sich doch nicht". Diese Aussage der Berater ist höchst fragwürdig und mit Blick auf vergleichbare Angebote in der privaten Rentenversicherung oder Rürup-Rentenversicherung in aller Regel auch objektiv falsch.

Sicherlich kommen Sie an der besonderen Rentenauskunft und der Berechnung des Ausgleichsbetrags durch die Deutsche Rentenversicherung nicht vorbei. Dies wird auch jeder Sachbearbeiter in den örtlichen Beratungsstellen kostenlos für Sie erledigen. Ob sich die Zahlung des Ausgleichsbetrags für Sie wirtschaftlich und steuerlich lohnt, sollten Sie jedoch von anderen Fachleuten wie Rentenberatern und Steuerberatern beurteilen lassen.

Einen Rentenberater in Ihrer Nähe finden Sie über www.rentenberater.de, die Homepage des Bundesverbandes der Rentenberater. Klicken Sie dort „So finden Sie einen Rentenberater" an und geben Sie Postleitzahl oder Wohnort ein. Sie können dort auch die Gesamtmitgliederliste, die nach Postleitzahlen geordnet ist, einsehen. Sprechen Sie die Kosten einer Rentenberatung bereits am Telefon ohne Scheu an. Meist handelt es sich um ein Pauschalhonorar oder ein Honorar, das sich nach Stunden bemisst. Die meist geringen Kosten zahlen sich bei einer professionellen Beratung schnell wieder aus.

Auch der Gang zum Steuerberater zahlt sich aus. Er wird Ihnen anhand Ihrer Steuersituation und seiner genauen Kenntnis des Paragrafen 10 Einkommensteuergesetz sagen können, wie Sie den Ausgleichsbetrag steuerlich am besten auf die nächsten Jahre verteilen. Von der Zahlung eines hohen Ausgleichsbetrags auf einen Schlag wird er Ihnen zu Recht abraten, wenn Sie erst in einigen Jahren vorzeitig in Rente gehen wollen.

Nur wenn Ihre geplante Frührente mit beispielsweise 63 Jahren unmittelbar bevorsteht, kommen Sie an einer Einmalzahlung wohl nicht vorbei. Sofern damit aber der steuerliche Höchstbetrag überschritten würde, empfiehlt sich ein späterer Rentenbeginn oder ein teilweiser Rückkauf von beispielsweise der Hälfte des Rentenabschlags. Auf diese Weise reduziert sich dann auch Ihr Ausgleichsbetrag.

Die Entscheidung, ob Sie den Ausgleichsbetrag auf einen Schlag zahlen oder in Jahres- oder Halbjahresraten, will also gerade auch aus steuerlicher Sicht gut überdacht sein.

Arbeitgeber beteiligt sich finanziell am Ausgleichsbetrag

Sofern sich der Arbeitgeber finanziell an der Zahlung des Ausgleichsbetrags beteiligt, kann er bis zur Hälfte des Ausgleichsbetrags in vollem Umfang steuer- und beitragsfrei leisten (siehe § 3 Nr. 28 EStG[37] in Verbindung mit § 1 Abs. 1 Satz 1 Nr. 1 SvEV[38]).

Vorteil für Angestellte, wenn der Arbeitgeber die Hälfte des Ausgleichsbetrags direkt an die Deutsche Rentenversicherung zahlt: Er selbst zahlt nur die andere Hälfte und kann diese dann zum größeren Teil steuerlich absetzen, in 2018 beispielsweise zu 86 Prozent.

So ungewöhnlich wie diese finanzielle Beteiligung des Arbeitgebers klingen mag, ist sie gar nicht. Oft ist der Arbeitgeber an einer Frühverrentung interessiert, um Personal und damit Kosten einzusparen.

Im Rahmen einer Abfindungsregelung kann sich der Arbeitgeber sogar zur vollen Zahlung des Ausgleichsbetrags bereit erklären. Diese beitragsfreie Zahlung zu 100 Prozent setzt voraus, dass der Abfindungsbetrag wegen Beendigung der Beschäftigung zweckgebunden für die Zahlung des Ausgleichsbetrags verwandt wird.

---

[37] https://www.gesetze-im-internet.de/estg/__3.html
[38] https://www.gesetze-im-internet.de/svev/__1.html

Ausgleichsbetrag bei Versorgungsausgleich und bei Abfindung

Ähnliche Überlegungen wie beim Ausgleichsbetrag zum Rückkauf von Rentenabschlägen gibt es für den Ausgleichsbetrag zur Abwendung einer Rentenkürzung aus dem Versorgungsausgleich[39].

Ein Mehr an Rente erhält der ausgleichsberechtigte Ex-Ehegatte, in dem Entgeltpunkte vom Rentenkonto des ausgleichsverpflichteten Ex-Ehegatten auf sein Rentenkonto umgebucht werden. Dieses Mehr an Rente kann der zum Versorgungsausgleich verpflichtete Ex-Ehegatte (meistens ist dies der geschiedene Ehemann) durch Zahlung eines Ausgleichsbetrags abkaufen.

Die Berechnung dieses schon immer möglichen Ausgleichsbetrags erfolgt grundsätzlich wie bei dem erst seit 1998 eingeführten Ausgleichsbetrag zum Rückkauf von Rentenabschlägen, also aus der Multiplikation der Entgeltpunkte-Minderung mit dem jeweiligen Berechnungsfaktor (vorläufiges Durchschnittsentgelt x Beitragssatz im Jahr der Zahlung). Der Ausgleichsbetrag beim Versorgungsausgleich kommt jedoch ohne Rentenabschläge und entsprechende Zugangsfaktoren aus.

Diesen Ausgleichsbetrag bekommt der ausgleichspflichtige Ehegatte auf Antrag zurückerstattet, wenn der geschiedene Ex-Ehegatte vor ihm und vor Ablauf von drei Rentenjahren verstirbt (sog. Vorversterben).

Eine vergleichbare Regelung gibt es nach dem Versorgungsausgleichsgesetz für die Kürzung der gesetzlichen Rente wegen Versorgungsausgleich. Diese Rentenkürzung wird ebenfalls beim Tod des ausgleichsberechtigten Ex-Ehegatten, sofern dieser die Rente noch nicht oder nicht länger als drei Jahre bezogen hat, auf Antrag aufgehoben.

Außerdem gibt es noch die Möglichkeit, Abfindungen aus einer betrieblichen Altersversorgung innerhalb eines Jahres nach Zahlung der

---

[39] § 187 SGB VI, siehe http://www.gesetze-im-internet.de/sgb_6/__187.html

Abfindung für einen Einmalbeitrag in die gesetzliche Rentenversicherung zu verwenden[40]. Auch in diesem Fall handelt es sich um einen Ausgleichsbetrag. Nach bindender Bewilligung einer Vollrente wegen Alters ist die Zahlung dieses Ausgleichsbetrags aber nicht mehr zulässig. Es muss sich zudem immer um eine Abfindung für eine unverfallbare Anwartschaft auf betriebliche Altersversorgung handeln.

Außerdem darf es nur eine Abfindung für eine unverfallbare Anwartschaft auf betriebliche Altersversorgung sein. Sollte diese vorliegen, können Beiträge zur gesetzlichen Rente innerhalb eines Jahres nach Zahlung der Abfindung bis zur Höhe der geleisteten Abfindung geleistet werden.

Alle drei Anlässe für Ausgleichsbeträge – Rückkauf von Rentenabschlägen, Versorgungsausgleich oder Abfindung – führen quasi zur Kapitalzahlung in die gesetzliche Rentenversicherung. Auch aus diesem Grund stellen Ausgleichsbeträge rentenrechtlich weder Pflichtbeiträge noch freiwillige Beiträge dar. Sie können daher auch nicht zur Erhöhung von rentenrechtlichen Zeiten führen. Ihr Ziel ist allein ein Mehr an Rente durch Zahlung des Ausgleichs- bzw. Kapitalbetrags.

4.5. Zusätzliche Vorteile für rentennahe Ost-Versicherte

Rentennahe Ost-Versicherte können ihre Zusatzrente günstiger aufstocken, da die Kosten für den Ausgleichsbetrag bei Zahlung in 2018 rund 11 Prozent niedriger liegen im Vergleich zum Westen. Sofern sie ihre Frührente mit 63 Jahren ab dem 1.7.2024 (Tag der vollständigen Angleichung der Ost-West-Renten) erhalten, liegt der ersparte Rentenabschlag bzw. die Zusatzrente in Ost und West auf der gleichen Höhe.

---

[40] § 187b SGB VI, siehe http://www.gesetze-im-internet.de/sgb_6/__187b.html

Fazit: Ab 1961 geborene Ost-Versicherte profitieren von einem Kostenvorteil, da sie für die gleiche Zusatzrente rund 11 Prozent weniger aufbringen müssen. Allerdings schwindet dieser Kostenvorteil bei Teilzahlungen in den Jahren 2019 bis 2023. In 2019 sind es noch 6,5 Prozent, in 2020 noch 5,3 Prozent und in 2021 nur 4 Prozent. In den Jahren 2022 und 2023 sinkt der Kostenvorteil auf 2,7 und 1,4 Prozent.

Es lohnt sich also, den größeren Teil des Ausgleichsbetrags auf das Jahr 2018 zu konzentrieren. Da eine auf das Jahr 2017 rückwirkende Teilzahlung noch bis zum 3.4.2018 möglich ist, sollte man auch diese Möglichkeit nutzen. Schließlich macht der Kostenvorteil auch für diese Teilzahlung 11 Prozent aus. Am besten fahren rentennahe Ost-Versicherte, wenn sie den gesamten Ausgleichsbetrag oder zumindest den größeren Teil davon in den Jahren 2017 und 2018 zahlen.

Ein Musterbeispiel für einen am 1.7.1961 geborenen Ost-Versicherten, der am 1.7.2024 mit 63 Jahren, dann erreichbaren 40 Entgeltpunkten und einem Rentenabschlag von 12,6 Prozent gehen will, mag den Unterschied zu einem am gleichen Tag geborenen West-Versicherten mit ebenfalls 40 Entgeltpunkten erläutern.

Der West-Versicherte zahlt im Jahr 2018 einen Ausgleichsbetrag von 40.622,04 Euro (siehe Tabelle 16 in Kapitel 4.3). Da für den Ausgleichsbetrag Ost wegen des geringeren Durchschnittsentgelts Ost (33.671 statt 37.873 Euro in 2018) ein niedrigerer Berechnungsfaktor von 6.262,806 (= 33.671 x 0,186) gilt, errechnet sich ein Ausgleichsbetrag Ost von 36.115,04 Euro. Dies sind 11,1 Prozent weniger im Vergleich zum Ausgleichsbetrag West.

Bei einem Gutverdiener mit 60 erreichbaren Entgeltpunkten läge der Ausgleichsbetrag Ost im Jahr 2018 bei 54.172,55 Euro und bei 80 erreichbaren Entgeltpunkten sogar bei 72.230,07 Euro. Auch in diesen beiden Fällen für Gutverdiener und Spitzenverdiener läge der Kostenvorteil im Vergleich zum Ausgleichsbetrag West bei rund 11 Prozent.

Steuerlich optimale Teilzahlungen für ledige Höchstbeitragszahler Ost

Den Ausgleichsbetrag Ost von 72.230 Euro auf einen Schlag im Jahr 2018 einzuzahlen, macht jedoch auch für einen Höchstbeitragszahler keinen Sinn. Sofern er ledig ist, kann er im Jahr 2018 beispielsweise nur den steuerlichen Höchstbetrag von 23.712 Euro minus dem Höchstbetrag Ost von 12.946 Euro in der gesetzlichen Rentenversicherung (= 18,6 Prozent von 69.600 Euro) nutzen. Sofern er für das Jahr 2017 rückwirkend noch eine steuerlich optimale Teilzahlung von 10.571 Euro bis zum 3.4.2018 leistet, hat er lediglich 21.337 Euro und somit nur rund 30 Prozent des Ausgleichsbetrags von 72.230 Euro gezahlt.

Tabelle 19: Teilzahlungsplan für ledigen Höchstbeitragszahler Ost

Jahr	Höchstbetrag*	GRV-Beitrag**	Teilzahlung***	steuerl. abziehbar****
2017	23.362 €	12.791 €	10.571 €	8.880 €
2018	23.712 €	12.946 €	10.766 €	9.259 €
2019	24.305 €	13.969 €	10.336 €	9.096 €
2020	25.046 €	14.447 €	10.599 €	9.539 €
2021	25.639 €	15.085 €	10.554 €	9.710 €
2022	26.380 €	15.736 €	10.644 €	10.005 €
2023	27.379 €	16.475 €	10.904 €	10.468 €
2024	29.824 €	8.732 €	21.092 €	20.670 €
Summe			95.466 €	

*) steuerlicher Höchstbetrag nach § 10 Abs. 3 EStG (steht nur für 2017 und 2018 fest, ab 2019 Hochrechnung laut Werten im Rentenversicherungsbericht 2017 der Bundesregierung)

**) Höchstbeitrag in der gesetzlichen Rentenversicherung in Abhängigkeit von der Beitragsbemessungsgrenze Ost (steht nur für 2017 und 2018 fest, ab 2019 laut Werten für Beitragssatz und Beitragsbemessungsgrenze Ost im Rentenversicherungsbericht 2017)

***) steuerlich optimale Teilzahlung = steuerlicher Höchstbetrag minus GRV-Beitrag

****) steuerlich abziehbarer Betrag = 84 bis 98 % der Teilzahlung

Daher wird er die weiteren Teilzahlungen auf die Jahre 2019 bis 2024 verteilen nach folgendem Plan, wobei für die Berechnung von steuerlichem Höchstbetrag und Höchstbeitrag Ost in der gesetzlichen Rentenversicherung die Rechengrößen aus dem Rentenversicherungsbericht 2017 der Bundesregierung zugrunde gelegt werden.

Das vorläufige Fazit lautet nach diesem Teilzahlungsplan: Von 2017 bis 2024 könnten Teilzahlungen von insgesamt maximal 95.466 € steueroptimal geleistet werden. Die tatsächliche restliche Teilzahlung in 2024 errechnet sich aus den verbleibenden Entgeltpunkten zum Ende des Jahres 2023.

Tatsächlich liegt die Summe der acht Teilzahlungen von 2017 bis 2024 bei 82.713 Euro und damit um 10.483 Euro über dem Ausgleichsbetrag Ost von 72.230 Euro. Nach den sieben Teilzahlungen von insgesamt 74.423 Euro bis Ende 2023 ist somit noch eine Schlusszahlung von 8.290 Euro in 2024 erforderlich.

Tabelle 20: Zuteilung von Entgeltpunkten Ost in 2017 bis 2024

Jahr	Teilzahlung*	Zuteilung an EP Ost**	restliche EP Ost**
2017	10.571 €	1,4905 EP	8,5895 EP
2018	10.766 €	1,5024 EP	7,0871EP
2019	10.336 €	1,3305 EP	5,7566 EP
2020	10.599 €	1,3124 EP	4,4442 EP
2021	10.554 €	1,2496 EP	3,1946 EP
2022	10.644 €	1,2060 EP	1,9886 EP
2023	10.904 €	1,1779 EP	0,8107 EP
2024	8.290 €	0,8107 EP	0 EP

*) steuerlich optimale Teilzahlung (für 2017 bis 2023 siehe obige Tabelle 20)

**) Zuteilung von Entgeltpunkten Ost,

z.B. für 2017: (10.571 € x 0,0001596728) x 0,874 = 1,4905 EP

***) restliche EP Ost = EP des Vorjahres minus Zuteilung an EP

im Folgejahr

Diese Schlusszahlung in 2024 ergibt sich, da die Deutsche Rentenversicherung aufgrund der sieben Teilzahlungen in 2017 bis 2023 entsprechende Entgeltpunkte zuteilt. Von den für den Ausgleich des Rentenabschlags insgesamt 10,08 aufzubringenden Entgeltpunkten bleiben in 2024 noch 0,8107 Entgeltpunkte übrig. Hierfür sind dann noch 8.290 Euro zu zahlen (siehe Tabelle 20).

Die Auswertung für den privat krankenversicherten Höchstbeitragszahler Ost führt zu folgendem Ergebnis:

1. Ausgleichsbetrag:	72.230 € bzw. Summe der Teilzahlungen 82.713 €
2. Rentenplus ab 1.7.2024:	10,08 EP insgesamt x 37,46 € aktueller Rentenwert ab 1.7.2024 = monatliches Rentenplus brutto 377,60 € + 7,3 % Zuschuss zur PKV 27,56 € = monatliches Rentenplus inkl. PKV-Zuschuss 405,16 € x 12 Monate = jährliches Rentenplus 4.861,92€
3. jährlicher Rentensatz:	4.861,92 x 100 / 72.230 = 6,73 % des Ausgleichsbetrags
4. Rendite vor Steuern bei Endalter 85:	3,14 % bei jährlich 2 % Rentensteigerung
5. Rendite nach Steuern bei Endalter 85:	4,78 % bei jährlich 2 % Rentensteigerung
(Grenzsteuersatz 40 % in Beitragsphase und 28 % in Rentenphase)	

Wäre der Höchstbeitragszahler Ost verheiratet mit steuerlicher Zusammenveranlagung und hätte sein Ehegatte kein eigenes Einkommen, könnte er in den beiden Jahren 2017 und 2018 bereits Teilzahlungen in Höhe von zusammen 68.411 Euro leisten. Mit einer Schlusszahlung von 4.138 Euro im Jahr 2019 wären bereits sämtliche 10,08 Entgeltpunkte zum Ausgleich des Rentenabschlags zugeteilt. Die Summe der Teilzahlungen von 72.549 Euro läge dann nur 319 Euro über dem Ausgleichsbetrag von 72.230 Euro.

Gemischter Ausgleichsbetrag Ost und West

Nicht selten treten Fälle auf, bei denen der rentennahe Ost-Versicherte in früheren Jahren im Westen versichert war oder genau umgekehrt. Es handelt sich dabei um regional gemischte Erwerbsbiografien bzw. um „Wanderer zwischen zwei Rentenwelten".

Sollen nun die künftigen Rentenabschläge ausgeglichen werden, kommt es zur „hohen Schule" bei der Berechnung des gemischten Ausgleichsbetrages und der Ermittlung der Schlusszahlung bei gewünschten Teilzahlungen.

Tatsächlich werden zunächst ein Ausgleichsbetrag Ost und davon getrennt ein Ausgleichsbetrag West ermittelt. Wenn beispielsweise von den insgesamt 80 Entgeltpunkten drei Viertel auf den Osten und ein Viertel auf den Westen entfallen, errechnet sich der Ausgleichsbetrag wie folgt:

Ausgleichsbetrag Ost	**54.172,55 Euro**
Ausgleichsbetrag West	**20.311,02 Euro**
Ausgleichsbetrag insgesamt	**74.483,57 Euro**

Der aus Ost und West gemischte Ausgleichsbetrag von 74.483 Euro liegt somit zwischen dem reinen Ausgleichsbetrag Ost von 72.230 Euro und dem reinen Ausgleichsbetrag West von 81.244 Euro. Je mehr Entgeltpunkte auf den Versicherungsverlauf Ost entfallen, desto größer ist der Kostenvorteil gegenüber dem reinen Ausgleichsbetrag für West-Versicherte.

Bei Teilzahlungen für gemischte Ausgleichsbeträge teilt die Deutsche Rentenversicherung zugunsten der Versicherten zunächst die Entgeltpunkte Ost zu und erst nach deren vollständiger Zuteilung anschließend die Entgeltpunkte West. Dieses Verfahren wird in Schreiben an Ost-Versicherte, die in 2017 bereits die erste Teilzahlung geleistet haben, ausdrücklich erwähnt.

5. NACHZAHLUNGSBETRÄGE IN BESTIMMTEN FÄLLEN

Mehr Rente durch Nachzahlungsbeträge gibt es für zwei Gruppen. Wer noch nicht 45 Jahre alt ist, kann Nachzahlungsbeträge für Ausbildungszeiten (Schul-, Fachschul- und Hochschulzeiten) zahlen, die nicht schon zu den Anrechnungszeiten zählen. Dies betrifft die vom 16. bis zum 17. Lebensjahr laufende Schulzeit sowie Fachschul- und Hochschulzeiten, die über acht Jahre hinausgehen.

Vor 1955 geborene Mütter können nach Erreichen ihrer Regelaltersgrenze einen Nachzahlungsbetrag für die an der fünfjährigen Wartezeit noch fehlenden Jahre bzw. Monate leisten. Angerechnete Jahre für die Kindererziehung und zusätzliche Jahre für den Nachzahlungsbetrag dürfen aber in diesem Fall nicht über insgesamt fünf Jahre hinausgehen.

5.1. Nachzahlungsbeträge für Ausbildungszeiten

Auch unter 45-Jährige können einen Nachzahlungsbetrag für nicht als Anrechnungszeiten anerkannte Ausbildungszeiten leisten[41]. Anhand des Versicherungsverlaufs kann der Versicherte oder der Sachbearbeiter bei der örtlichen Beratungsstelle der Deutschen Rentenversicherung leicht die fehlenden Monate und Jahre ermitteln, für die Beiträge nachgezahlt werden sollen. Insgesamt nur 1.645 Versicherte haben im Jahr 2015 die Chance für solche Nachzahlungsbeträge genutzt.

Zeiten einer schulischen Ausbildung (Schule, Fachschule, Hochschule oder berufsvorbereitende Bildungsmaßnahme) nach dem vollendeten

---

[41] § 207 SGB VI, siehe http://www.gesetze-im-internet.de/sgb_6/__207.html

17. Lebensjahr werden höchstens bis zu acht Jahren angerechnet[42]. Für alle Ausbildungszeiten, die über diese acht Jahre hinausgehen, können Nachzahlungen geleistet werden. Darüber hinaus kann auch die Lücke vom 16. bis zum 17. Lebensjahr durch einen Nachzahlungsbetrag geschlossen werden.

Das nachträgliche Schließen von Lücken im Versicherungsverlauf mit einem Nachzahlungsbetrag bietet gleich zwei Vorteile. Sie erhöhen damit die Wartezeiten für die abschlagspflichtige Rente ab 63. In gar nicht seltenen Fällen erreichen Sie erst mit diesem „Lückenfüller" die für eine abschlagspflichtige Rente für langjährig Versicherte und schwerbehinderte Menschen geforderte 35-jährige Wartezeit für diese Frührente. Zusätzlich erwerben Sie Entgeltpunkte und erhöhen damit Ihre spätere Rente.

Da es bei einem Nachzahlungsbetrag kurz vor dem vollendeten 45. Lebensjahr noch gut 18 Jahre bis zur Frührente mit 63 sind, empfehlen sich relativ niedrige Beträge. Schon ein Mindestbeitrag von monatlich 83,70 Euro für jeden fehlenden Monat reicht meist. Nur wer über größere finanzielle Mittel verfügt oder diese von seinen betagten Eltern erhält, sollte einen über 83,70 monatlich liegenden Beitrag zahlen, der im Jahr 2018 höchstens 1.209 Euro im Monat ausmachen darf.

Nur in zwei Ausnahmefällen kann der Nachzahlungsbetrag für Ausbildungszeiten auch noch nach Vollendung des 45. Lebensjahrs gezahlt werden. Die erste Ausnahme betrifft aus dem Beamtenverhältnis entlassene Ex-Beamte, die versicherungsfrei waren und die durch ihren ehemaligen Dienstherrn in der gesetzlichen Rentenversicherung nachversichert werden.

Bei dieser **Nachversicherung** wird so getan, als ob der Ex-Beamte während des gesamten Beamtenverhältnisses in der gesetzlichen Ren-

---

[42] § 58 Abs. 1 Nr. 4 SGB VI, siehe https://www.gesetze-im-internet.de/sgb_6/__58.html

tenversicherung pflichtversichert gewesen wäre. Der ehemalige Dienstherr zahlt also für diesen Zeitraum nachträglich Pflichtbeiträge.

Innerhalb von sechs Monaten nach Durchführung der Nachversicherung können Ex-Beamte dann Nachzahlungsbeträge leisten. Auf ihr Alter bei Nachzahlung kommt es nicht an. Für Ex-Bundesbeamte und Ex-Beamte in sieben Bundesländern wurde inzwischen das **Altersgeld** eingeführt, das den entlassenen Beamten die Mitnahme ihrer Pensionsansprüche gestattet und ihnen die deutlich ungünstigere Nachversicherung erspart.

Die zweite Ausnahme trifft auf ehemals von der Versicherungspflicht befreite Freiberufler mit einer berufsständischen Versorgung zu. Auch sie können den Nachzahlungsbetrag noch innerhalb von sechs Monaten nach Wegfall der Befreiung zahlen.

Die Petition von Rentenberater Walter Vogts, die Altersgrenze bei Nachzahlungsbeträgen für Ausbildungszeiten von bisher 45 auf 50 Jahre für alle Versicherten zu erhöhen, hat der Petitionsausschuss nach Anhörung des Bundesministeriums für Arbeit und Soziales abgelehnt. Vogts begründete seinen Vorschlag damit, dass die Altersgrenze für die Zahlung von Ausgleichsbeträgen laut Flexirentengesetz von 55 auf 50 Jahre ab 1.7.2017 herabgesetzt werde. In der zeitlichen Lücke zwischen dem 45. und 50. Lebensjahr könnten Versicherte weder einen Nachzahlungsbetrag für Ausbildungszeiten noch einen Ausgleichsbetrag zum Rückkauf von Rentenabschlägen leisten.

Die ablehnende Stellungnahme des Bundessozialministeriums zum Petitionsvorschlag von Rentenberater Walter Vogts nach Erhöhung der Altersgrenze von 45 auf 50 Jahre wird wie folgt begründet. Nachzahlungsbeträge für Ausbildungszeiten „*könnten in erster Linie von Personen geleistet werden, die sich dadurch einen besonderen Vorteil erhoffen*". Was daran schlimm ist, bleibt schleierhaft. Schließlich erhofft sich jeder Versicherte, der Extrabeiträge zur gesetzlichen Rente zahlt, einen finanziellen Vorteil in Form von mehr Rente oder einer Erhöhung der rentenrechtlichen Zeiten.

Das Bundesministerium für Arbeit und Soziales holt noch weiter aus. Dies gehe „zu Lasten der gesamten Versichertengemeinschaft" und widerspreche „dem Solidarprinzip der Rentenversicherung". Die Zeitschrift Finanztest hat dies in ihrer Februarausgabe 2017 zu Recht als eine merkwürdige Auffassung von Solidarität kritisiert. Schließlich könnten Nicht-Pflichtversicherte wie Beamte, Freiberufler oder Selbstständige seit der Gesetzesänderung vom 11.8.2010 unabhängig vom Alter freiwillige Beiträge zur gesetzlichen Rente leisten.

5.2. Nachzahlungsbeträge für Mütter

Für vor 1955 geborene Mütter, die noch keinen Rentenanspruch haben, gibt es noch eine ganz besondere Art des freiwilligen Beitrags. Sofern diese einen Nachzahlungsbetrag für die an der fünfjährigen Wartezeit fehlenden Jahre zahlen, erhalten sie nach Erreichen ihrer Regelaltersgrenze eine gesetzliche Rente.[43]

Über laufende freiwillige Beiträge hinaus gibt es für vor 1955 geborene Mütter (außer Beamtinnen und Pensionärinnen) somit noch die Möglichkeit zu Nachzahlungsbeträgen nach Erreichen der Regelaltersgrenze.

Kein Nachzahlungsbetrag für vor 1955 geborene Pensionärinnen

Die ab dem 11.8.2010 per Gesetz eingeführte Sonderregelung betrifft ausschließlich Mütter (oder auch Väter) mit in der gesetzlichen Rentenversicherung anrechenbaren Kindererziehungszeiten. Bei Pensionärinnen und Pensionären mit Kindern geht man ab einer weiteren Gesetzesänderung ab 1.7.2014 jedoch davon aus, dass es in der Beamtenversor-

---

[43] § 282 Abs. 1 SGB VI,　　siehe https://www.gesetze-im-internet.de/sgb_6/__282.html

gung eine „systembezogen annähernd gleichwertige Berücksichtigung" gäbe.[44] Davor hieß es nur „systembezogen gleichwertig".

Für vor 1955 geborene Pensionärinnen, die ihre Kinder vor 1992 nach Eintritt ins Beamtenverhältnis geboren und erzogen haben, wird aber beispielsweise für zwei Kinder nur insgesamt ein Dienstjahr in der Beamtenversorgung anerkannt. Dies erhöht den Ruhegehaltssatz nur um rund 1,8 Prozent des letzten Bruttogehalts.

Bekämen sie wie die Rentnerinnen die neue Mütterrente, würden ihnen vier Kindererziehungsjahre angerechnet mit einem Mehr an Rente in Höhe von 124 Euro. So viel würde das eine Dienstjahr in der Beamtenversorgung nur bringen, wenn das letzte Bruttogehalt über 6.913 Euro ausmachen würde. Da dies wohl keine ehemalige Beamtin erreichen wird, kann von einer „systembezogen annähernd gleichwertigen" Berücksichtigung der vor 1992 geborenen Kinder in der Beamtenversorgung keine Rede sein.

Man hätte analog zur Einführung der Mütterrente eine „**Mütterpension**" erwarten können, wonach für zwei vor 1992 geborene Kinder auch zwei Dienstjahre statt bisher nur einem Dienstjahr anerkannt würden. Dies haben aber der Bund und alle Bundesländer außer Bayern abgelehnt. Nur Bayern hat die „Mütterpension" eingeführt, die der Mütterrente für Rentnerinnen mit vor 1992 geborenen Kindern in etwa entspricht.

Nachzahlungsbetrag für vor 1955 geborene Rentnerinnen

Bei vor 1955 geborenen Müttern mit anerkannten Kindererziehungszeiten in der gesetzlichen Rentenversicherung kommt es bei der Frage zum Nachzahlungsbetrag nicht darauf an, ob das Kind oder die Kinder vor 1992 oder erst ab 1992 geboren und erzogen wurden. Die Mütterrente gibt es bekanntlich für jedes vor 1992 geborene Kind. Danach werden

---

[44] § 56 Abs. 4 Nr. 3 SGB VI, siehe https://www.gesetze-im-internet.de/sgb_6/__56.html

zwei Jahre statt vorher ein Jahr für die Kindererziehung angerechnet. Drei Jahre sind es für jedes ab 1992 geborene Kind.

Viele ältere Mütter mit vor 1992 geborenen Kindern haben sich nach ihrer Heirat bzw. nach der Geburt ihrer Kinder für die Erstattung der von ihnen bis dahin gezahlten eigenen Rentenbeiträge entschieden (sog. Heiratserstattung) und glauben, dass ihnen die Möglichkeit eines Nachzahlungsbetrages wegen der von ihnen gewählten Heiratserstattung nunmehr versperrt sei. Das ist ein Irrtum.

Auch Mütter mit **Heiratserstattung** können den einmaligen Nachzahlungsbetrag oder laufende freiwillige Beiträge zahlen. Darauf weist die Deutsche Rentenversicherung sogar ausdrücklich hin. Sie können zwar die Heirats- bzw. Beitragserstattung selbst nicht rückgängig machen. Jedoch können sie trotz erfolgter Heiratserstattung die Lücke bis zur erforderlichen fünfjährigen Wartezeit ebenfalls vollständig schließen oder laufende Beiträge über fünf Jahre hinaus zahlen. .

Die Nachzahlung gelingt am einfachsten älteren Müttern, die zwei Kinder vor 1992 geboren und aufgezogen haben. Nach der zum 1.7.2014 neu eingeführten Mütterrente werden ihnen insgesamt vier Jahre an Kindererziehungszeiten angerechnet. Daher müssen sie nur für ein Jahr einen Nachzahlungsbetrag zwischen 1.004,40 Euro (Mindestbetrag) und 14.508 Euro (Höchstbeitrag in 2018) auf einen Schlag entrichten.

Beispiel: Wenn eine am 5.1.1953 geborene Mutter, die nicht Beamtin war und zwei Kinder vor 1992 geboren hat, nach Erreichen der Regelaltersgrenze zum 5.8.2018 nur 1.004,40 Euro einzahlt, erhält sie ab 1.9.2018 eine monatliche gesetzliche Rente von 128,54 Euro brutto im Westen nach heutigem Stand.

Schon die erste Jahresrente von rund 1.542 Euro liegt über dem Nachzahlungsbetrag. Bereits nach acht Monaten hat sie ihren gezahlten Beitrag wieder raus. Sofern sie den Höchstbeitrag von 14.508 Euro zahlt, steigt ihre monatliche Rente auf 188,03 Euro brutto. Die erste Jahresrente von rund 2.256 Euro macht dann immerhin noch 16 Prozent des Höchstbeitrags aus.

Außer diesem Beispielfall gibt es noch zwei weitere denkbare Fälle. Bei nur einem vor 1992 geborenen Kind fehlen noch drei Jahre. Also fällt der Nachzahlungsbetrag im Vergleich zum geschilderten Fall dreimal so hoch aus.

Ist das Kind ab 1992 geboren, was bei vor 1955 geborenen Müttern eher die ganz große Ausnahme ist, werden für die Kindererziehung drei Jahre angerechnet. Da bei einem ab 1992 geborenen Kind zwei Jahre an der fünfjährigen Wartezeit fehlen, ist der doppelte Nachzahlungsbetrag fällig.

In allen anderen Fällen (drei vor 1992 oder zwei ab 1992 geborene Kinder) bedarf es keiner Nachzahlung, da insgesamt bereits sechs Jahre für die Kindererziehung angerechnet werden. Dafür gibt es dann sechs Entgeltpunkte und die gesetzliche Rente bei einem aktuellen Rentenwert von 31,03 Euro West macht zurzeit rund 186 Euro brutto im Monat aus.

6. KRANKEN- UND PFLEGEVERSICHERUNG IM RUHESTAND

Ob Beamtenpension oder gesetzliche Rente: Auf jeden Fall müssen Beiträge zur gesetzlichen oder privaten Krankenversicherung im Ruhestand gezahlt werden. Hinzu kommen noch Beiträge zur Pflegeversicherung.

Beamte sind typischerweise privat krankenversichert und werden dies zu 90 Prozent auch als Pensionäre sein. Die Beiträge zur privaten Krankenversicherung und sozialen Pflegeversicherung werden aber nicht über die Versorgungsstelle direkt von der Bruttopension abgezogen, sondern vom Konto des Pensionärs abgebucht. Sofern der Pensionär zusätzlich eine gesetzliche Rente erhält, zahlt die Deutsche Rentenversicherung noch einen Zuschuss zur privaten Krankenversicherung in Höhe von 7,3 Prozent der Bruttorente.

Arbeitnehmer sind bis auf die Minderheit, die wegen Überschreitens der Versicherungspflichtgrenze auf eigenen Wunsch zur privaten Krankenversicherung gewechselt sind, gesetzlich krankenversichert. Sofern sie in der zweiten Hälfte ihres Berufslebens zu mindestens 90 Prozent in der gesetzlichen Krankenversicherung pflichtversichert waren, kommen sie in die Krankenversicherung der Rentner (KVdR).

In diesem Fall zieht die Deutsche Rentenversicherung von der gesetzlichen Rente brutto direkt den Beitrag in Höhe von rund 11 Prozent für die gesetzliche Kranken- und Pflegeversicherung ab und überweist den danach verbleibenden Rentenzahlbetrag an den Rentner. Den Krankenkassenbeitrag von 7,3 Prozent der gesetzlichen Rente übernimmt die Deutsche Rentenversicherung.

6.1. Private Kranken- und Pflegeversicherung für Pensionäre

Beamte sind fast immer privat krankenversichert, da sie keine Arbeitnehmer sind und daher keine Arbeitnehmeranteile zur gesetzlichen Kranken- und Pflegeversicherung zahlen. Nicht verheiratete Beamte müssen sich zu 50 Prozent bei der privaten Krankenkasse versichern, da der Dienstherr eine Beilhilfe in Höhe von 50 Prozent der beihilfefähigen Krankheitskosten übernimmt.

Der Beitrag zur **privaten Krankenversicherung** hängt nicht vom Bruttogehalt des Beamten, sondern von einer Reihe von persönlichen Faktoren ab.

- Eintrittsalter (je jünger, desto niedriger)
- Geschlecht (nur bei Eintritt vor 2013 höhere Beiträge für Frauen im Vergleich zu Männern)
- Gesundheitszustand (falls vom normalen Gesundheitszustand beim Eintritt abweichend)
- Anzahl der mitversicherten Familienmitglieder (zum Beispiel Ehegatte mit 30er-Tarif wegen Beihilfesatz von 70 Prozent oder Kinder mit 20er-Tarif wegen Beihilfesatz von 80 Prozent)
- Tarife der privaten Krankenkasse
- Zusatzbeitrag für ergänzende Zusatztarife (zum Beispiel Kostenersatz für besondere zahntechnische Laborleistungen, für Zuschläge bei Einbettzimmer und Chefarztbehandlung, Kur- und Sanatoriumsaufenthalt).

Grundsätzlich können Beamte nur den Teil des Beitrags zur privaten Krankenversicherung steuerlich absetzen, der auf die mit der gesetzlichen Krankenversicherung vergleichbaren Grundleistungen entfällt, wie sie im Basistarif der privaten Krankenkasse enthalten sind.

Eine Kranken- und Pflegeversicherung wird in der Pensionsphase noch wichtiger als vorher, da die gesundheitlichen Beschwerden und Erkrankungen im Alter erfahrungsgemäß zunehmen.

Andererseits werden Sie als Pensionär bestrebt sein, die Beiträge so weit wie möglich niedrig zu halten. Pensionäre zahlen in aller Regel einen niedrigeren Beitrag, wenn sie in der privaten Krankenkasse versichert sind und von ihrem Dienstherrn eine auf 70 Prozent erhöhte Beihilfe zu den beihilfefähigen Aufwendungen im Krankheitsfall erhalten.

Fast alle Beamten und Pensionäre sind in einer der beiden großen privaten Krankenkassen (Debeka oder DKV) versichert. Da der Beihilfesatz für Pensionäre auf 70 Prozent steigt, sinkt der Beitrag in der privaten Krankenversicherung. Sie können beispielsweise bei der Debeka vom Tarif P 50/Z 50 in den Tarif P 30/ Z 30 wechseln. Wie hoch Ihr Krankenversicherungsbeitrag als Pensionär genau sein wird, kann Ihnen Ihre private Krankenkasse auf Anfrage mitteilen. Rechnen Sie beim Wechsel vom 50er-Tarif zum 30er-Tarif mit einer Beitragssenkung bis zu maximal 40 Prozent.

Typischerweise wird Ihr Beitrag für die private Krankenversicherung als Pensionär zwischen 150 und 200 Euro liegen. Je nach Risikoneigung können Sie Ihren laufenden Beitrag durch Wegfall von Zusatztarifen senken. Ein Krankenhaustagegeld von beispielsweise 20 Euro pro Tag ist beispielsweise entbehrlich, da die eventuell entstehenden Kosten für eine Haushaltshilfe, Fahrtkosten von Angehörigen oder für Sonderwünsche im Krankenhaus aus eigenen Mitteln bestritten werden können.

Nehmen Sie in einem Kalenderjahr keine Leistungen der privaten Krankenkasse in Anspruch, sinkt Ihr Nettobeitrag nach Abzug der rückerstatteten Beiträge weiter. Bei einer Beitragsrückerstattung für vier Monate zahlen Sie letztlich nur zwei Drittel eines Jahresbeitrags. Kleinere Arzt- und Zahnarztrechnungen und Kosten für Arzneimittel tragen Sie dann zu 30 Prozent aus eigener Tasche. Es ist abzuwägen, wann die jeweiligen Erstattungsbeträge der Krankenkasse die Summe der Beitragsrückerstattung übersteigen. Unabhängig davon können Sie selbstverständlich die Beihilfeleistungen in Anspruch nehmen.

Die private Krankenversicherung für Beamte und Pensionäre ist eine Krankheitskostenvollversicherung. Sie deckt die Kosten für die ambulante Krankenhilfe (zum Beispiel Arzneimittel und Leistungen der niedergelassenen Ärzte), die stationäre Heilbehandlung sowie die Zahnbehandlung. Üblicherweise verwenden die privaten Krankenkassen bei Beamten und Pensionären Quotentarife. Dabei werden die Kosten mit einem vom Versicherten gewählten Prozentsatz erstattet, zum Beispiel 30 Prozent der Kosten bei Pensionären.

Pensionäre, die das 65. Lebensjahr vollendet haben, können nach einer Versicherungsdauer von mindestens zehn Jahren in der Vollversicherung auf einen eventuell kostengünstigeren Standardtarif umstellen. Dabei handelt es sich um einen Versicherungsschutz, der mit der gesetzlichen Krankenversicherung vergleichbar ist. Die Umstellung auf einen Standardtarif hat jedoch erhebliche Leistungseinbußen zur Folge (zum Beispiel nicht versicherte Wahlleistungen wie Unterkunft im Ein- oder Zweibettzimmer bei stationärem Krankenhausaufenthalt, kein Leistungsanspruch für Brillen, Kontaktlinsen sowie nicht verschreibungspflichtige Arzneimittel, keine Beitragsrückerstattung). Die mögliche Beitragsersparnis beim Standardtarif gleicht diese Nachteile bei den Leistungen in aller Regel nicht aus. Für aktive Beamte und Pensionäre lohnt es sich daher nicht, in den Standardtarif oder den laut Gesundheitsreform möglichen Basistarif zu wechseln.

Der Pflegeversicherungsbeitrag liegt für aktive Beamte und Pensionäre zurzeit bei rund 30 Euro pro Monat. In der 1995 eingeführten sozialen Pflegepflichtversicherung sind alle privat krankenversicherten Beamten und Pensionäre einschließlich der berücksichtigungsfähigen Angehörigen versichert. Der Beitrag ist abhängig vom Alter der versicherten Person, aber nicht höher als der Beitrag in der gesetzlichen Pflegeversicherung. Verändert sich der Höchstbeitrag in der gesetzlichen Pflegeversicherung, wird er in der sozialen Pflegepflichtversicherung angeglichen.

Der Kranken- und Pflegeversicherungsbeitrag liegt für alleinstehende Pensionäre bei insgesamt rund 200 Euro pro Monat. Nur zum rechnerischen Vergleich: Der eigene Beitrag von Rentnern für die gesetzliche Kranken- und Pflegeversicherung macht im Jahr 2018 rund 11 Prozent der monatlichen Rente aus. Bei einer Monatsrente von 1.500 Euro wären dies 165 Euro. Erst bei einer Rente von 2.000 Euro und einem gesetzlichen Kranken- und Pflegeversicherungsbeitrag von 220 Euro würde der Rentner mehr zahlen als der Pensionär.

Zugegeben: Die Leistungen für privat krankenversicherte Pensionäre („Privatpatienten") liegen über den Leistungen für gesetzlich krankenversicherte Rentner („Kassenpatienten"). Der Beitrag für verheiratete Pensionäre verdoppelt sich aber, während sich der Beitrag für verheiratete Rentner im Vergleich zu Alleinstehenden nicht verändert.

Hieran wird der Unterschied zwischen privater und gesetzlicher Krankenversicherung besonders deutlich. Die private Krankenkasse geht vom Prinzip der risikogerechten Beiträge für jede versicherte Person aus. Anders die gesetzliche Krankenkasse, die als Familienversicherung neben dem gesetzlich Versicherten auch dessen Angehörige zum gleichen Beitrag mitversichert.

Zusätzlich zur sozialen Pflegepflichtversicherung können Sie noch eine private Pflegezusatzversicherung abschließen. Erfahrungsgemäß reichen die Leistungen der Pflegeversicherung bei weitem nicht aus, um die Kosten im Pflegefall zu decken. Überlegenswert ist daher eine Pflegetagegeldversicherung, die ein Tagegeld von 50 bis 70 Euro bei Heimunterbringung oder ambulanter Pflege zahlt. Mit höherem Eintrittsalter steigen die monatlichen Beiträge deutlich. Fast alle Versicherer setzen beim Abschluss der Pflegetagegeldversicherung ein Höchsteintrittsalter von 65 Jahren voraus. Wer die finanziellen Risiken eines Pflegefalls absichern will, sollte daher vor Erreichen der Altersgrenze von 65 Jahren eine solche Zusatzversicherung abschließen.

Außer der Pflegetagegeldversicherung gibt es noch die Pflegekostenversicherung und die Pflegerentenversicherung. Die private Pflegekostenversicherung zahlt Pflegeleistungen (zum Beispiel ein bestimmter Prozentsatz der Pflegekosten ohne Kosten für Unterkunft und Pflege) statt Tagegeld. Ähnlich wie eine private Rentenversicherung funktioniert die private Pflegerentenversicherung. Nach monatlicher oder einmaliger Beitragszahlung wird die monatliche Rente bei Eintritt des Pflegefalls bis ans

Lebensende gezahlt. Die Leistungen der Pflegetagegeldversicherung sind im Vergleich zu diesen beiden Versicherungen aber besser kalkulierbar.

6.2. Gesetzliche Kranken- und Pflegeversicherung für Rentner

Eine Kranken- und Pflegeversicherung wird in der Rentenphase noch wichtiger als in der aktiven Phase, da die gesundheitlichen Beschwerden und Erkrankungen im Alter erfahrungsgemäß zunehmen. Andererseits werden Rentner bestrebt sein, die Sozialabgaben im Alter so niedrig wie möglich zu halten.

Gesetzlich krankenversicherte Rentner, die in der Krankenversicherung der Rentner (KVdR) pflichtversichert sind, unterschätzen häufig die Sozialabgaben im Alter. Sie gehen oft davon aus, dass sie nur den halben Beitrag zur gesetzlichen Krankenversicherung in Höhe von zurzeit 8,3 Prozent (einschließlich durchschnittlichem Zusatzbeitrag von 1 Prozent) ihrer Renten zu zahlen haben.

Dies ist aber nicht so. Schon bei der gesetzlichen Rente kommt der volle Beitrag zur gesetzlichen Pflegeversicherung hinzu, der bei Kinderlosen 2,8 Prozent und bei Rentnern mit Kindern 2,55 Prozent ausmacht. Somit werden insgesamt 11,1 bzw. 10,85 Prozent von der gesetzlichen Rente abgezogen. Nur der verbleibende Rentenzahlbetrag wird auf ihr Konto überwiesen.

Für **freiwillig gesetzlich Krankenversicherte** liegt der Kranken- und Pflegekassenbeitrag zur gesetzlichen Rente zunächst bei 18,4 bzw. 18,15 Prozent. Wer als Rentner statt in der KVdR freiwillig in der gesetzlichen Krankenkasse versichert ist, erhält aber wie der privat krankenversicherte Rentner auf Antrag einen Zuschuss zur gesetzlichen Krankenkasse in Höhe von 7,3 Prozent der gesetzlichen Rente. Dadurch steht er sich zumindest bei der gesetzlichen Rente nicht schlechter als ein in der KVdR pflichtversicherter Rentner.

Jedoch lauern für rund 500.000 Rentner, die in der gesetzlichen Krankenkasse freiwillig versichert sind, an anderer Stelle viel größere Gefahren. Laut dem für die gesetzliche Krankenversicherung geltenden Fünften Sozialgesetzbuch werden bei freiwillig krankenversicherten Rentnern alle für den Lebensunterhalt zur Verfügung stehenden Einnahmen herangezogen.[45] Dazu zählen also außer der gesetzlichen Rente und eventueller Arbeitseinkommen auch private Renten wie die Riester-Rente oder Rürup-Rente sowie auch alle zusätzlichen Einkünfte aus Kapitalvermögen und Vermietung (also beispielsweise Zins- und Mieteinkünfte).

Bei freiwilligen Mitgliedern der gesetzlichen Krankenversicherung kommt es nach der geltenden Gesetzeslage auf die gesamte wirtschaftliche Leistungsfähigkeit an. Dabei können sogar die Einnahmen des Ehegatten oder Lebenspartners, sofern diese nicht gesetzlich krankenversichert sind (zum Beispiel Beamte oder Pensionäre), höchstens bis zur halben Beitragsbemessungsgrenze in der gesetzlichen Krankenversicherung und damit aktuell bis zu 2.212,50 Euro beitragspflichtig werden.[46]

Die Obergrenze und damit der Höchstbeitrag zur gesetzlichen Kranken- und Pflegeversicherung für freiwillige Mitglieder der gesetzlichen Krankenversicherung liegen zurzeit bei 814,20 Euro. Dies sind 18,4 Prozent der derzeitigen Beitragsbemessungsgrenze in der gesetzlichen Kranken- und Pflegeversicherung. von 4.425 Euro in 2018.

Alterseinkünfte von versicherungspflichtigen und gleichzeitig freiwillig versicherten Mitgliedern der gesetzlichen Krankenversicherung werden in folgender **Reihenfolge zur Beitragsbemessung** herangezogen:

- gesetzliche Rente

---

[45] § 240 SGB V, siehe https://www.gesetze-im-internet.de/sgb_5/__240.html
[46] § 240 Abs. 5 SGB V, siehe https://www.gesetze-im-internet.de/sgb_5/__240.html

- Versorgungsbezüge (Betriebsrenten, Zusatzrenten im öffentlichen Dienst, Renten aus der berufsständischen Versorgung, Ruhegehälter von Beamten)
- Arbeitseinkommen (Löhne und Gehälter aus nichtselbstständiger Tätigkeit oder Gewinne aus unternehmerischer Tätigkeit)

= beitragspflichtige Einnahmen von versicherungspflichtigen Rentnern

+ 4. sonstige Einnahmen gem. gesamter wirtschaftlicher Leistungsfähigkeit

= beitragspflichtige Einnahmen von freiwillig versicherten Rentnern

Zu den sonstigen Einnahmen zählen alle Einnahmen, die die wirtschaftliche Leistungsfähigkeit des freiwilligen Mitglieds bestimmen.[47] Laut Rundschreiben des GKV-Verbandes sind dies alle Einnahmen und Geldmittel, die für den Lebensunterhalt verbraucht werden oder verbraucht werden können, ohne Rücksicht auf ihre steuerliche Behandlung.

Daher müssen freiwillig in der gesetzlichen Krankenkasse versicherte Rentner Beiträge auf folgende zusätzlichen Alterseinkünfte zahlen:

- sonstige Renten aus privater Altersvorsorge (Riester-Rente, Rürup-Rente oder
- Privatrente aus privater Rentenversicherung)
- Einkünfte aus Vermietung und Verpachtung (Überschuss der Mieteinnahmen über die Werbungskosten)
- Einkünfte aus Kapitalvermögen (zum Beispiel Zins- und Dividendeneinkünfte)
- Einkommen des Ehegatten oder Lebenspartners bis zur Hälfte und höchstens bis zu 2.212,50 Euro, sofern diese nicht der gesetzlichen Krankenkasse angehören.

---

[47] § 238a, siehe https://www.gesetze-im-internet.de/sgb_5/__238html, i.V.m. § 240 Abs. 1 SGB V

Wenn die Beitragsbemessungsgrenze in der gesetzlichen Kranken-versicherung von zurzeit 4.425 Euro bei freiwillig versicherten Mitglie-dern beispielsweise durch die Summe von gesetzlicher Rente, Betriebs-rente sowie Miet- und Zinseinkünfte erreicht ist, werden auf zusätzliche Renten aus der privaten Altersvorsorge (zum Beispiel Riester-Rente) kei-ne Kranken- und Pflegekassenbeiträge mehr fällig.

Sofern die Riester-Rente, Rürup-Rente und/oder Privatrente aus der privaten Rentenversicherung zusammen mit anderen Alterseinkünften (zum Beispiel gesetzliche Rente, Betriebs- bzw. Zusatzrente und Mietein-künfte) unter dieser Beitragsbemessungsgrenze von 4.425 Euro bleibt, muss der freiwillig gesetzlich krankenversicherte Rentner auch auf diese Renten bis zu 17,8 Prozent an Beiträgen zur gesetzlichen Kranken- und Pflegeversicherung zahlen.

Der wegen des Wegfalls von Krankengeld um 0,6 Prozentpunkte er-mäßigte Beitragssatz gegenüber dem vollen Satz von 18,4 Prozent kann freiwillig gesetzlich krankenversicherte Rentner in diesem Fall wohl kaum trösten.

Es lohnt sich also, die freiwillige Mitgliedschaft in der gesetzlichen Krankenversicherung zu vermeiden. Voraussetzung dafür ist, dass in der zweiten Hälfte des Berufslebens mindestens 90 Prozent der Zeit auf die Mitgliedschaft in der gesetzlichen Krankenversicherung entfallen (sog. **Vorversicherungszeit**). Darauf, ob man pflichtversichert, freiwillig versi-chert oder familienversichert war, kommt es nicht an. Im Umkehr-schluss heißt dies: Wer in mehr als 10 Prozent der Vorversicherungszeit privat krankenversichert oder wegen eines längeren Auslandsaufenthalts gar nicht krankenversichert war, wird als Rentner freiwillig in der gesetz-lichen Krankenversicherung versichert.

Seit dem 1.8.2017 gibt es aber wieder Hoffnung für Rentner, die in der gesetzlichen Krankenkasse freiwillig versichert sind. Sofern sie Kinder haben, können sie auch noch nachträglich in die Pflichtversicherung der Rentner (KVdR) wechseln, wenn sie die 9/10-Regelung unter Einbezie-hung der Mitgliedszeiten für ihre Kinder doch noch erreichen. Diese Neuregelung über Mitgliedszeiten in der gesetzlichen Krankenversicherung ist die Folge des am 4.4.2017 geänderten Heil- und Hilfsmittelversorgungsgesetzes.

Rentenberater Markus Vogts[48] aus Karlsruhe hat bereits Ende Mai 2017 in Pressemitteilungen auf die neue Wechselmöglichkeit für Rentner mit Kindern hingewiesen. Ende Juni 2017 hieß es in der FAZ „Als Privatpatient zurück in die Gesetzliche Krankenversicherung".

Ab 1.8.2017 werden nämlich drei Jahre für jedes Kind, Stiefkind oder Adoptivkind auf die Mitgliedszeit angerechnet, also wie jede andere Mitgliedszeit berücksichtigt.[49] Wann Kinder geboren oder adoptiert wurden, spielt keine Rolle. Wurden die geforderten 90 Prozent also bisher knapp verfehlt, können sie unter Einbeziehung von drei Jahren für jedes Kind doch noch erreicht werden.

Die Neuregelung kann von beiden leiblichen Elternteilen sowie den Adoptiveltern genutzt werden. Unter Umständen könnten es dann sogar vier Elternteile sein. Da es eine Pauschalregelung ist, schließt laut GKV-Spitzenverband weder das Gesetz noch die Gesetzesbegründung eine derartige Mehrfach-Berücksichtigung aus. Ob die Betroffenen tatsächlich selbst Erziehungsleistungen erbracht haben, spielt keine Rolle.

Die Prüfung, ob die 9/10-Regelung unter Berücksichtigung der zusätzlichen drei Jahre je Kind erfüllt ist, erfolgt nicht automatisch durch die gesetzliche Krankenkasse. Die Betroffenen müssen also selbst neu rechnen und dann bei Erreichen der geforderten 90 Prozent einen Antrag auf Wechsel in die Krankenversicherung der Rentner (KVdR) stellen.

Dies gilt eigentlich aber nur für Altfälle bzw. Schon-Rentner. Das Bundesgesundheitsministerium gibt dazu folgenden Rat: „Zur Klärung ihrer individuellen Zugangsmöglichkeiten nach der Neuregelung sollten sich freiwillig versicherte Rentner mit ihrer Krankenkasse in Verbindung setzen und prüfen lassen, ob zum 1.8.2017 ein Wechsel in die KVdR möglich wird".

---

[48] www.vogts-rentenberater.de

[49] § 5 Abs. 2 SGB V, siehe http://www.sozialgesetzbuch-sgb.de/sgbv/5.html

Bei neuen Rentenanträgen wird dies akribisch von der Deutschen Rentenversicherung bei der Meldung zur KVdR direkt abgefragt und berücksichtigt.

Dazu ein einfaches Beispiel: Herr N., der zurzeit freiwillig in der gesetzlichen Krankenkasse versichert ist, stellt seinen Rentenantrag in 2017 nach 40 Berufsjahren. Während der letzten 20 Jahre war er 7 Jahre lang privat krankenversichert. Da er somit in der zweiten Hälfte seines Berufslebens nur auf 13 Jahre in der gesetzlichen Krankenkasse versichert war, erreicht er die nach der 9/10-Regelung geforderten 18 Jahre nicht.

Da N. aber Vater von zwei Kindern ist, werden zusätzliche 6 Jahre mit berücksichtigt. Somit entfallen 19 Jahre (= bisher 13 Jahre plus 6 Jahre) auf die Vorversicherungszeit. Er erfüllt nun die 9/10-Regelung, die Voraussetzung für die Aufnahme in die Pflichtversicherung der Rentner (KVdR) ist. Auf diese Weise spart er die Kranken- und Pflegekassenbeiträge auf seine evtl. privaten Renten (Riester-Rente, Rürup-Rente oder Rente aus privater Rentenversicherung), seine evtl. Zins-, Dividenden- und Mieteinkünfte sowie auf das Einkommen seiner möglicherweise privat krankenversicherten Ehefrau.

Auch einige bisher privat krankenversicherte Rentner - also ohne die privat krankenversicherten Beamtenpensionäre mit Anspruch auf eine staatliche Beihilfe von 70 Prozent der Krankheitskosten - könnten noch nachträglich in die KVdR wechseln, wenn sie zusammen mit den zusätzlichen Mitgliedszeiten für ihre Kinder die 9/10-Regelung für die Vorversicherungszeit in der zweiten Hälfte ihres Erwerbslebens erfüllen.

Für privat krankenversicherte Rentner, die als mitversicherte Ehegatten von Beamten ebenfalls eine staatliche Beihilfe in Höhe von 70 Prozent erhalten, ist dies jedoch keine vernünftige Option, da sie nur die restlichen 30 Prozent über die private Krankenkasse absichern müssen.

Bei privat krankenversicherten Rentnern, die keine Beihilfe erhalten und daher den Beitrag zur privaten Krankenkasse vollständig aus eigenen Mitteln aufbringen, kann dies ganz anders sein. Zu diesen privat krankenversicherten Rentnern zählen vor allem frühere Angestellte mit ehemals hohen Gehältern, die nach Überschreiten der Versicherungspflichtgrenze bei der gesetzlichen Krankenversicherung in die private Krankenkasse gewechselt sind. Auch sie könnten zurück in die KVdR, sofern sie unter Einrechnung der zusätzlichen Versicherungszeiten von 3 Jahren pro Kind nunmehr die 9/10-Regelung erfüllen.

Beamte sind in aller Regel immer oder über eine sehr lange Zeit privat krankenversichert. Sie erhalten möglicherweise wegen einer früheren Tätigkeit als sozialversicherungspflichtiger Arbeitnehmer auch eine gesetzliche Rente oder könnten über freiwillige Beiträge zur gesetzlichen Rentenversicherung mit einer Mindestbeitragsdauer von 5 Jahren einen Anspruch auf eine gesetzliche Rente erhalten. Sofern sie ausnahmsweise in der zweiten Hälfte ihres Berufslebens unter Einrechnung von drei Jahren pro Kind mindestens zu 90 Prozent in der gesetzlichen Krankenkasse versichert wären, könnten auch sie über die KVdR pflichtversichert werden in der gesetzlichen Krankenkasse.

Sozialabgaben auch auf Arbeitseinkommen von Selbstständigen

Auch auf Arbeitseinkommen müssen gesetzlich krankenversicherte Rentner Sozialabgaben leisten. Der volle Beitragssatz für die gesetzliche Krankenversicherung sinkt lediglich von 15,4 auf derzeit 14,8 Prozent bei Arbeitseinkommen aus selbstständiger Tätigkeit. Hinzu kommt der übliche volle Beitragssatz zur gesetzlichen Pflegeversicherung von 2,55 oder 2,8 Prozent. Insgesamt wird also derzeit ein Gesamtbeitrag bis zu 17,8 Prozent der Brutto-Arbeitseinkommen aus selbstständiger Tätigkeit fällig und muss an die gesetzliche Krankenkasse abgeführt werden.

Übernimmt der Rentner einen Minijob bis zu einem Verdienst von monatlich 450 Euro und beantragt die Versicherungsfreiheit, bleibt dieser Minijob-Lohn sozialabgabenfrei und im Übrigen auch steuerfrei. Der Rentner mit Minijob erhält maximal 450 Euro demnach brutto für netto ausgezahlt und muss dies nicht in seiner Einkommensteuererklärung angeben.

7. STEUERN IM RUHESTAND

Außer den Beiträgen zur Kranken- und Pflegeversicherung fallen im Ruhestand insbesondere bei Pensionären regelmäßig noch Steuern an. Sofern der Beamte vorzeitig in Pension geht und in der Zeit von der Frühpensionierung bis zur gesetzlichen Regelaltersgrenze noch weiterhin freiwillige Beiträge zur gesetzlichen Rente zahlt, kann er durch den steuerlichen Abzug dieser Rentenbeiträge noch kräftig Steuern sparen.

Seit dem 1.1.2017 können auch Frührentner noch freiwillige Beiträge zur gesetzlichen Rente vom Rentenbeginn bis zur Erreichen der Regelaltersgrenze zahlen. Vorausgesetzt, sie sind als Frührentner nicht versicherungspflichtig beschäftigt. Eine sozialabgaben- und steuerfreier Minijob ist erlaubt.

Während die gesetzliche Rente von Jahr zu Jahr immer stärker besteuert wird (zum Beispiel zu 76 Prozent bei Rentenbeginn in 2018 bis zu 90 Prozent bei einer in 2030 beginnenden Rente), sind Beamtenpensionen bis auf einen relativ geringen Versorgungsfreibetrag voll zu versteuern.

7.1. Steuerlicher Abzug von Extrabeiträgen zur gesetzlichen Rente

Beiträge zur gesetzlichen Rente zählen zu den steuerlich abzugsfähigen **Altersvorsorgeaufwendungen**. Sie können daher seit 2005 steuerlich unter Sonderausgaben abgesetzt werden. Der steuerlich abzugsfähige Anteil des **Gesamtbeitrags zur gesetzlichen Rentenversicherung** steigt von 50 Prozent in 2005 um jeweils zwei Prozentpunkte pro Jahr bis auf

100 Prozent in 2025.[50] Ein im Jahr 2018 gezahlter Gesamtbeitrag ist zu 86 Prozent steuerlich abzugsfähig.

Der Gesamt- bzw. Pflichtbeitrag wird je zur Hälfte von Arbeitgebern und Arbeitnehmern aufgebracht. Da der Arbeitgeber seinen Arbeitgeberanteil zur gesetzlichen Rentenversicherung wie schon vor 2005 steuerlich immer voll absetzen kann, steigt der steuerlich abzugsfähige **Arbeitnehmeranteil zur gesetzlichen Rentenversicherung** bis 2025 steuerlich in anderen Stufen. Dies geschieht immer automatisch durch den Arbeitgeber, der den steuerlich abzugsfähigen Arbeitnehmeranteil bereits bei der monatlichen Lohnsteuerberechnung berücksichtigt.

Der steuerlich abzugsfähige Arbeitnehmeranteil steigt von 20 Prozent in 2005 auf beispielsweise 40 Prozent in 2010, 60 Prozent in 2015 und 80 Prozent in 2020. Für jedes spätere Beitragsjahr werden somit zusätzliche vier Prozentpunkte berücksichtigt, bis ab dem Jahr 2025 der volle Arbeitnehmeranteil zur gesetzlichen Rentenversicherung von der Steuer befreit ist. Im Jahr 2018 werden somit 72 Prozent des vom Lohn einbehaltenen Arbeitnehmeranteils steuerlich unter Altersvorsorgeaufwendungen abgesetzt. In der Tabelle 21 werden sowohl der vom Rentenbeginn abhängige steuerlich abzugsfähige Gesamtbeitragsanteil als auch der steuerlich abzugsfähige Arbeitnehmeranteil aufgeführt.

Für Pflichtbeiträge von Selbstständigen und freiwillige Beiträge von Nicht-Pflichtversicherten zählt immer nur der Gesamtbeitrag, da es mangels Arbeitgeber keinen steuerlich voll absetzbaren Arbeitgeberanteil zur gesetzlichen Rentenversicherung gibt. In diesen Fällen kommt es nur auf den steuerlich abzugsfähigen Gesamtbeitrag an. Gleiches gilt auch für den Ausgleichsbetrag zum Rückkauf von Rentenabschlägen.

---

[50] § 10 Abs. 3 Sätze 4 und 6 EStG, siehe https://www.gesetze-im nternet.de/estg/__10.html

Tabelle 21: Steuerlich abzugsfähiger Gesamtbeitragsanteil und Arbeitnehmeranteil und zur gesetzlichen Rentenversicherung

Jahr	steuerlich abzugsfähiger Gesamtbeitragsanteil *	steuerlich abzugsfähiger Arbeitnehmeranteil **
2005	60%	20 %
2006	62%	24 %
2007	64%	28 %
2008	66%	32 %
2009	68%	36 %
2010	70%	40 %
2011	72%	44 %
2012	74%	48 %
2013	76%	52 %
2014	78%	56 %
2015	80%	60 %
2016	82%	64 %
2017	84%	68 %
2018	86%	72 %
2019	88%	76 %
2020	90%	80 %
2021	92%	84 %
2022	94%	88 %
2023	96%	92 %
2024	98%	96 %
ab 2025	100%	100 %

*) Gesamtbeitrag (z.B. 18,6 % in 2018)

**) Arbeitnehmeranteil zur gesetzlichen Rentenversicherung (z.B. 9,3 % in 2018)

Wer aber beispielsweise im Jahr 2018 als Angestellter ein Jahresbruttogehalt von 45.000 Euro verdient, kann 72 Prozent des Arbeitnehmeranteils zur gesetzlichen Rentenversicherung in Höhe von 4.185 Euro steuerlich geltend machen, also immerhin 3.013.20 Euro. Bei einem persönlichen Steuersatz von 35 Prozent könnte er somit 1.055 Euro an Steuern sparen.

Die Hoffnung der Rentenpolitiker, dass die Arbeitnehmer diese jährliche Steuerersparnis zwecks zusätzlicher Altersvorsorge in eine private Rentenversicherung investieren, ist allerdings nicht aufgegangen. Dennoch wird alle vier Jahre in den jeweiligen Alterssicherungsberichten der Bundesregierung eine solche Möglichkeit mit entsprechenden Hochrechnungen präsentiert.

Wichtig bei Ausgleichsbeträgen zum Rückkauf von Rentenabschlägen und freiwilligen Beiträgen von nicht rentenversicherungspflichtigen Personen: Diese Beiträge sind nur dann steuerlich abzugsfähig, wenn sie zusammen mit den Pflichtbeiträgen zur gesetzlichen Rentenversicherung den steuerlichen **Höchstbetrag** von beispielsweise 23.712 Euro (Ledige nach Grundtabelle) bzw. 47.424 Euro (Verheiratete nach Splittingtabelle) in 2018 nicht überschreiten.

Beamte mit freiwilligen Beiträgen müssen darauf achten, dass bei ihnen ein fiktiver Pflichtbeitrag in Höhe von 18,6 Prozent ihres Bruttogehalts, maximal aber 18,6 Prozent der Beitragsbemessungsgrenze Ost, auf den steuerlichen Höchstbetrag angerechnet wird. Nur der freiwillige Beitrag, der zusammen mit diesem Fiktivbeitrag den Höchstbetrag von 23.712 bzw. 47.424 Euro nicht überschreitet, ist beispielsweise im Jahr 2018 zu 86 Prozent steuerlich abzugsfähig.

Es macht keinen Sinn, Extrabeiträge zur gesetzlichen Rente zu leisten, die wegen Überschreitens des Höchstbeitrags steuerlich nicht mehr abzugsfähig sind. Gleiches gilt für Personen, die schon vor evtl. Zahlung von Extrabeiträgen keine Steuern zahlen. Es gilt der einfache Grundsatz: Wer keine Steuern zahlt, kann auch keine Steuern durch zusätzliche Sonderausgaben sparen.

Frührentner, die ab 1.1.2017 freiwillige Beiträge zur gesetzlichen Rente bis zum Erreichen der Regelaltersgrenze zahlen können, sollten diesen Steuergrundsatz beherzigen. Sofern sie als Frührentner keine Steuern zahlen, verpuffen hohe freiwillige Beiträge zumindest aus steuerlicher Sicht. Wenn auf das Rentenplus aus diesen freiwilligen Beiträgen ab Erreichen der Regelaltersgrenze noch Steuern gezahlt werden müssten, geht zumindest die Steuerrechnung nicht auf.

7.2. Besteuerung von Renten und Pensionen

Jeder Rentner dürfte mittlerweile wissen, dass die gesetzliche Rente grundsätzlich steuerpflichtig ist. Die steuerpflichtigen Anteile steigen von 50 Prozent im Jahr 2005 für eine bis 2005 beginnende gesetzliche Rente über 60 Prozent in 2010, 70 Prozent in 2015 und bis zu 80 Prozent bei einem Rentenbeginn im Jahr 2020, also um jeweils zwei Prozentpunkte pro Jahr.

Erst ab dem Jahr 2021 steigt der steuerpflichtige Rentenanteil nur noch um jeweils einen Prozentpunkt pro Jahr, bis schließlich bei einem Rentenbeginn ab 2040 die gesetzliche Rente voll zu versteuern ist und nur noch eine Werbungskostenpauschale von 102 Euro im Jahr von der voll steuerpflichtigen gesetzlichen Rente abgezogen wird. Bei Rentenbeginn in 2018 werden 76 Prozent der gesetzlichen Rente versteuert.

Der **Besteuerungsanteil der gesetzlichen Rente** hängt ausschließlich vom Rentenbeginn ab. Dies gilt auch für Teilrenten und für das Rentenplus aus freiwilligen Beiträgen von Frührentnern. Jährliche Rentensteigerungen werden allerdings unabhängig vom jeweiligen Besteuerungsanteil der ersten vollen Jahresrente immer voll versteuert.

In der Tabelle 22, die dem Einkommensteuergesetz entnommen ist[51], werden die Besteuerungsanteile für die gesetzliche Rente in Abhängigkeit vom Rentenbeginn aufgeführt. Im Umkehrschluss heißt das: Die noch steuerfreien Anteile der gesetzlichen Rente sinken von beispielsweise 30 Prozent in 2015 auf 20 Prozent in 2020 und dann um jeweils einen Prozentpunkt pro Jahr weiter, bis die Steuerfreiheit der gesetzlichen Rente bei einem Rentenbeginn ab 2040 vollständig verschwindet.

---

[51] § 22 Ziffer 1 Satz 1 Buchstabe a Doppelbuchstabe aa, siehe https://www.gesetze-im-internet.de/estg/__22.html

Tabelle 22: Besteuerungsanteil der gesetzlichen Rente

Jahr des Rentenbeginns	Besteuerungs- anteil der Rente	Jahr des Rentenbeginns	Besteuerungs- anteil der Rente
bis 2005	50 %	2023	83 %
2006	52 %	2024	84 %
2007	54 %	2025	85 %
2008	56 %	2026	86 %
2009	58 %	2027	87 %
2010	60 %	2028	88 %
2011	62 %	2029	89 %
2012	64 %	2030	90 %
2013	66 %	2031	91 %
2014	68 %	2032	92 %
2015	70 %	2033	93 %
2016	72 %	2034	94 %
2017	74 %	2035	95 %
2018	76 %	2036	96 %
2019	78 %	2037	97 %
2020	80 %	2038	98 %
2021	81 %	2039	99 %
2022	82 %	ab 2040	100 %

Wer früher in Rente geht, profitiert somit von einem geringeren Besteuerungsanteil bzw. höheren steuerfreien Anteil. Dazu ein Beispiel: Ein am 1.1.1955 geborener Arbeitnehmer geht mit 63 Jahren ab 1.1.2018 mit einem Rentenabschlag von 9,9 Prozent in Rente. Von seiner gesetzlichen Rente in Höhe von beispielsweise 1.500 Euro vor Abschlag werden 148,50 Euro für den Rentenabschlag abgezogen, so dass eine monatliche Bruttorente von 1.351,50 Euro verbleibt.

Von der ersten vollen Jahresrente in Höhe von 16.218 Euro werden 76 Prozent besteuert, also 12.325 Euro. Der Rest von 3.893 Euro bleibt über die gesamte Rentendauer steuerfrei.

Allerdings können gesetzlich krankenversicherte Rentner vom Besteuerungsanteil in Höhe von 12.325 Euro besteuerten Jahresrente noch den Beitrag zu gesetzlichen Kranken- und Pflegeversicherung von beispielsweise 1.801 Euro (= 11,1 Prozent der Jahresbruttorente von 16.218 Euro bei kinderlosem Rentner) und die Werbungskosten- und Sonderausgabenpauschale von 138 Euro abziehen, so dass letztlich nur 10.386 Euro zu versteuern sind, sofern keine weiteren Alterseinkünfte vorhanden sind.

Ledige müssten zwar Steuern von 294 Euro für das Jahr 2018 zahlen, Verheiratete ohne Einkünfte ihres Ehegatten und ohne eigene weitere Alterseinkünfte allerdings nicht. Der steuerliche Grundfreibetrag steigt im Übrigen in 2018 auf 9.000 Euro für Ledige nach Grundtabelle und 18.000 Euro für Verheiratete nach Splittingtabelle.

Würde dieser Arbeitnehmer erst nach Erreichen der Regelaltersgrenze von 65 Jahren und 9 Monaten ab 1.10.2020 in Rente gehen, läge der Besteuerungsanteil seiner gesetzlichen Rente bei 80 Prozent und der steuerfreie Rentenanteil nur bei 20 Prozent. Er müsste also vier Prozent mehr von der dann höheren gesetzlichen Rente versteuern. Wenn die Regelaltersrente beispielsweise auf jährlich 18.600 Euro ohne Abschlag steigen würde, müssten davon 80 Prozent und damit 14.880 Euro besteuert werden, also 2.554 Euro jährlich mehr im Vergleich zur abschlagspflichtigen Frührente mit 63 Jahren in 2018. Nach Abzug des Beitrags zur gesetzlichen Kranken- und Pflegeversicherung und der Werbungskostenpauschale wären es noch 1.960 Euro mehr.

Künftige Rentensteigerungen sind voll steuerpflichtig, da nur der steuerfreie Anteil der ersten Jahresrente über die gesamte Rentendauer festgeschrieben wird. Bei einer Steuerkalkulation über die gesamte Rentenlaufzeit sollte man daher die volle Besteuerung von künftigen Rentensteigerungen nicht außer acht lassen.

Doppelbesteuerung der gesetzlichen Rente vermeiden

Die Doppelbesteuerung der gesetzlichen Rente können Sie zumindest für freiwillige Beiträge zur gesetzlichen Rente und Ausgleichsbeträge zum Rückkauf von Rentenabschlägen vermeiden, wenn Sie die Beitragsdauer mit dem geplanten Rentenbeginn steuerstrategisch richtig abstimmen.

Wer beispielsweise am 1.1.1958 geboren ist und bis zum Erreichen der Regelaltersgrenze von 66 Jahren ab 1.1.2024 insgesamt sieben Jahre lang freiwillige Beiträge in 2017 bis 2023 zahlt, kann im Schnitt 90 Prozent seiner freiwilligen Beiträge steuerlich absetzen. Beim Rentenbeginn in 2024 sind aber nur 84 Prozent der gesetzlichen Rente aus freiwilligen Beiträgen steuerpflichtig. Dies sind immerhin sechs Prozentpunkte weniger.

Noch etwas günstiger sieht dies für fünf Jahresbeiträge in 2018 bis 2022 und einem Rentenbeginn in 2023 aus. Dem steuerlich abzugsfähigen Beitragsanteil von im Durchschnitt 90 Prozent steht nur ein Besteuerungsanteil von 82 Prozent gegenüber. Also liegt der steuerliche Vorteil in diesem Fall bei acht Prozentpunkten.

Wer jedoch die fünf günstigen Rentenjahre von 2018 bis 2022 für die Zahlung von freiwilligen Beiträgen nutzt und erst in 2030 in Rente geht, geht steuerlich plus minus Null aus. Gleiches gilt für den Ausgleichsbetrag für den Rückkauf von Rentenabschlägen in Form von fünf Teilzahlungen über die Jahre 2018 bis 2022.

Zur **Doppelbesteuerung** käme es bei den Jahrgängen ab 1964, die erst mit 67 Jahren ab 2031 in Rente gehen und freiwillige Beiträge oder Teilzahlungen des Ausgleichsbetrages nur in den Jahren 2018 bis 2022 leisten. Dem Besteuerungsanteil ab 91 Prozent stünde nun der steuerlich abzugsfähige Beitragsanteil von durchschnittlich 90 Prozent gegenüber.

Bei der vorzeitigen abschlagspflichtigen Frührente mit 63 Jahren schon in 2029 käme es jedoch wiederum zu einem kleinen steuerlichen Vorteil, da nun der Besteuerungsanteil der Rente auf 89 Prozent und damit einen Prozentpunkt unter den steuerlich abzugsfähigen Beitragsanteil von 90 Prozent sinkt.

Geht man nur von gezahlten Pflichtbeiträgen und Rentenzahlungen mit Beginn ab 2018 aus, wird es in vielen Fällen zur Doppelbesteuerung kommen. Diese liegt nach Auslegung von Rürup-Kommission, Gesetzgeber und Bundesfinanzhof dann vor, wenn die Summe der versteuerten Rentenbeiträge die Summe des steuerfreien Rentenzuflusses bei einer angenommenen Rentendauer von 17 Jahren übersteigt. Bisher wurde dabei immer auf den Standardrentner mit Durchschnittsverdienst in 45 Pflichtbeitragsjahren abgestellt.

Wer aber beispielsweise nur auf 40 oder 35 Pflichtbeitragsjahre bis zum Rentenbeginn kommt, gerät schneller in die Doppelbesteuerungsfalle. Dazu ein Originalfall eines am 1.1.2017 in Rente gegangenen Frührentners mit 39 Pflichtbeitragsjahren, der in 11 Jahren ein Gehalt oberhalb der Beitragsbemessungsgrenze in der gesetzlichen Rentenversicherung verdiente.

Seine erste volle Jahresrente nach Rentenabschlag liegt bei 23.141 Euro in 2017. Insgesamt waren Rentenbeiträge in Höhe von rund 142.000 Euro voll steuerpflichtig. Diesen steht bei Annahme einer Rentendauer von 20 Jahren aber ein steuerfreier Rentenzufluss von nur rund 120.000 Euro gegenüber. Also werden 22.000 Euro zu viel und damit doppelt besteuert.

Auch der Vergleich von steuerlich abzugsfähigem Beitragsanteil und Besteuerungsanteil weist auf die Doppelbesteuerung hin. Im Originalfall waren durchschnittlich 59 Prozent der gezahlten Rentenbeiträge steuerlich abziehbar. Da der Besteuerungsanteil der ab 2017 bezogenen gesetzlichen Rente aber bei 74 Prozent liegt, werden quasi 15 Prozentpunkte zu viel besteuert.

Zusammen mit meinem Bruder Günter Siepe, Wirtschaftsprüfer und Steuerberater, habe ich im Jahr 2016 zwei Studien[52] zur Doppelbesteuerung von Renten vorgelegt, die auch im Internet veröffentlicht wurden. Die beiden Studien stehen im Übrigen via Intranet auch allen Bundestagsabgeordneten zur Verfügung.

---

[52] http://vers-berater.de/tl_files/vers_files/files/Studien/Studie_Pruefstand_Rentenbesteuerung.pdf
http://vers-berater.de/tl_files/vers_files/files/Studien/Studie_Doppelbesteuerung_von_Renten.pdf

Das Bundesfinanzministerium sieht momentan jedoch noch keinen Handlungsbedarf. Steuerpflichtige Rentner, die nach ihrer Ansicht von der Doppelbesteuerung betroffen sind, müssen den langen Weg von Einspruch gegen den Einkommensteuerbescheid über Klage vor dem zuständigen Finanzgericht bis zur Klage vor dem Bundesfinanzhof und weiter bis zur Verfassungsbeschwerde vor dem Bundesverfassungsgericht beschreiten.

Es ist zu hoffen, dass eines nicht allzu fernen Tages die Richter am Bundesverfassungsgericht in den vorlegten Beschwerdefällen auf Doppelbesteuerung erkennen und den Gesetzgeber zur Änderung des ab 2005 geltenden Alterseinkünftegesetzes auffordern.

Steuervorteile durch niedrigeren Steuersatz für Rentner

Unabhängig von der Antwort auf die Frage, ob eine Doppelbesteuerung im Einzelfall nun vorliegt oder nicht, gibt es für jeden steuerpflichtigen Rentner einen besonderen Steuervorteil. Dieser entsteht dann, wenn der persönliche Steuersatz (fachlich **Grenzsteuersatz** genannt) in der Rentenphase wie in fast allen Fällen deutlich niedriger als in der Beitragsphase ausfällt. Wenn Ihr steuerpflichtiger Anteil der Rente beispielsweise nur mit 20 Prozent versteuert wird im Vergleich zu 30 oder 35 Prozent beim steuerpflichtigen Anteil Ihrer Rentenbeiträge, sparen Sie Steuern.

Hinzu kommt, dass Sie erst jahrelang Rentenbeiträge teilweise oder vollständig steuerlich absetzen können, bevor Sie dann Ihre gesetzliche Rente zum Teil oder ab Rentenbeginn in 2040 voll versteuern. Es handelt sich bei dieser sog. **nachgelagerten Rentenbesteuerung** somit um einen ganz legalen **Steueraufschub**, der nicht mit einer illegalen Steuerverkürzung oder gar Steuerhinterziehung zu verwechseln ist.

Besteuerung von Betriebsrenten

Betriebsrenten werden grundsätzlich nachgelagert besteuert. Dies gilt auch für Betriebsrenten aus Entgeltumwandlung. Da der Arbeitgeber als Versicherungsnehmer die vom Gehalt des Arbeitnehmers einbehaltenen

Beträge bis zu maximal 254 Euro monatlich im Jahr 2017 an die Versorgungseinrichtung überweist, muss der Arbeitnehmer diese Betriebsrente später im Ruhestand voll versteuern.

Schließlich hat er den Beitrag in der Aktivphase auch steuerlich in vollem Umfang abziehen können. Dieses Prinzip der nachgelagerten Besteuerung gilt auch für die betriebliche Riester-Rente, bei der die Summe aus Zulage und eventueller zusätzlicher Steuerersparnis mit einem vollen steuerlichen Abzug gleichzusetzen ist.

Steuern auf Renten aus privat weitergeführten Direktversicherungen

Wenn Arbeitnehmer nach Ausscheiden aus dem Betrieb ihre Direktversicherung privat fortführen und sich als neue Versicherungsnehmer eintragen lassen, wird der darauf entfallende Teil der Rente nur mit ihrem Ertragsanteil besteuert, da die dafür vom Arbeitnehmer aufgebrachten Beiträge nicht steuerlich abzugsfähig waren.

Damit werden diese Rentenanteile mit Privatrenten aus privaten Rentenversicherungen steuerlich gleichgestellt. Besteuert wird nur ein **Ertragsanteil** der Privatrente, der den pauschal geschätzten Zinsanteil der Privatrente erfasst. Der in der Privatrente enthaltene Kapitalanteil bleibt steuerfrei.

Wer mit 65 oder 66 Jahren zum ersten Mal eine Privatrente bezieht, muss nur 18 Prozent davon versteuern. Beispiel: monatliche Privatrente 400 Euro, steuerpflichtig 72 Euro, anteilige Steuer nur 18 Euro monatlich bei einem persönlichen Steuersatz von beispielsweise 25 Prozent.

Je später der Rentenbeginn liegt, desto geringer fällt wegen der statistisch geringeren Lebensdauer auch der Ertragsanteil aus. Bei 67-Jährigen sind es beispielsweise 17 Prozent und bei 70-Jährigen nur 15 Prozent. Umgekehrt steigt der Ertragsanteil, je jünger der Rentenbezieher ist. 60-jährige Privatrentner müssen beispielsweise 22 Prozent ihrer Privatrente versteuern und 55-Jährige 26 Prozent (siehe Tabelle 23).

Tabelle 23: Steuerpflichtige Ertragsanteile bei Privatrenten

vollendetes Lebensjahr bei Rentenbeginn	Ertragsanteil in Prozent der Rente bei lebenslangen Privatrenten	vollendetes Lebensjahr bei Rentenbeginn	Ertragsanteil in Prozent der Rente bei lebenslangen Privatrenten
50.	30 %	65.-66.	18 %
51.-52.	29 %	67.	17 %
53.	28 %	68.	16 %
54.	27 %	69.-70.	15 %
55.-56.	26 %	71.	14 %
57.	25 %	72.-73.	13 %
58.	24 %	74.	12 %
59.	23 %	75.	11 %
60.-61.	22 %	76.-77.	10 %
62.	21 %	78.-79.	9 %
63.	20 %	80.	8 %
64.	19 %	81.-82.	7 %

Besteuerung von Zusatzrenten im öffentlichen Dienst

Seit dem Jahr 2008 wird jedoch auch für die umlagefinanzierte Zusatzversorgung (zum Beispiel die VBL-Zusatzrente West) die nachgelagerte Besteuerung stufenweise eingeführt. Im Gegenzug werden die Umlagen in der aktiven Phase stufenweise von der Steuer freigestellt, zum Beispiel mit 1 Prozent der Beitragsbemessungsgrenze von 2008 bis 2013 und 2 Prozent der Beitragsbemessungsgrenze in der gesetzlichen Rentenversicherung von 2014 bis 2019. Im Jahr 2018 bleiben daher monatlich 130 Euro (= 2 Prozent von 6.500 Euro) steuerfrei.

Von 2020 bis 2024 steigt der steuerfreie Anteil der Umlage auf 3 Prozent und ab 2025 auf den Höchstsatz von 4 Prozent der Beitragsbemessungsgrenze. Soweit die umlagefinanzierte Zusatzrente auf diesen steuerfreien Beträgen beruht, ist sie nicht mit dem günstigen Ertragsanteil, sondern in voller Höhe steuerpflichtig.

Man muss also zwischen der Zusatzrente aus steuerlich geförderten Beträgen einerseits und aus steuerlich nicht geförderten Beträgen unterscheiden. Die jeweiligen Zusatzversorgungskassen übersenden den Zusatzrentnern eine entsprechende Steuerbescheinigung, aus der diese Aufteilung hervorgeht.

Entsprechend muss der Zusatzrentner in seiner Anlage R zur Einkommensteuererklärung die entsprechenden Beträge unter Ziffer 31 für die nachgelagerte Besteuerung (gilt für den Teil, der steuerlich gefördert wurde[53]) und unter Ziffer 36 für die Ertragsanteilbesteuerung (gilt für den Teil, der nicht steuerlich gefördert wurde[54]) eintragen.

Jüngere Jahrgänge, die viele Jahre oder sogar Jahrzehnte von der stufenweisen Steuerfreistellung der Umlagen ab 2008 profitieren, wachsen daher immer mehr in die nachgelagerte und damit volle Besteuerung der umlagefinanzierten VBL-Zusatzrente West hinein.

Wer jedoch in den nächsten Jahren eine **umlagefinanzierte Zusatzrente von der VBL** bezieht, wird im Endeffekt keine oder nur ganz geringe Steuern darauf zahlen müssen. Grund: Der steuerpflichtige Ertragsanteil von beispielsweise 18 Prozent der Zusatzrente für 65-Jährige kann sich nur geringfügig um die teilweise steuerfrei gestellten Umlagen ab dem Jahr 2008 erhöhen. Eigene Berechnungen muss er jedoch nicht anstellen, da er von seiner Zusatzversorgungskasse (zum Beispiel der VBL) die entsprechende Steuerbescheinigung zur Vorlage bei seinem Finanzamt erhält.

Da der Bezieher einer umlagefinanzierten VBL-Zusatzrente West vom steuerpflichtigen Ertragsanteil plus eventuell steuerfrei gestellten Umlagen noch den Beitrag zur gesetzlichen Kranken- und Pflegeversicherung von bis zu 18,4 Prozent der Zusatzrente für Steuerzwecke abzie-

---

[53] § 22 Nr. 5 Satz 1 EStG, siehe https://www.gesetze-im-internet.de/estg/__22.html

[54] § 22 Nr. 1 Satz 3 Buchst. a Doppelbuchst. bb EStG, siehe wie vor

hen kann, scheidet eine Versteuerung nahezu aus. Es kommt steuerlich quasi zum Nullsummenspiel.

Die **steuerrechtliche Behandlung der Umlage** in der Ansparphase ist recht kompliziert. Grundsätzlich ist außer der Arbeitnehmer-Umlage von derzeit 1,71 Prozent auch die Arbeitgeber-Umlage von 6,45 Prozent des zusatzversorgungspflichtigen Entgelts beim Arbeitnehmer individuell zu versteuern, weil diese Umlage ebenfalls zum Arbeitsentgelt zählt. Der vom Arbeitgeber bereits pauschal zu versteuernde Betrag von 92,03 Euro ist aber abzuziehen. Darüber hinaus ist ab 2008 die stufenweise Steuerfreistellung der Umlage in Höhe von 1 bis 4 Prozent der Beitragsbemessungsgrenze in der gesetzlichen Rentenversicherung zu berücksichtigen.

Wer beispielsweise als VBL-Pflichtversicherter im Tarifgebiet West In 2018 ein zusatzversorgungspflichtiges Entgelt von monatlich 5.000 Euro bezieht, kommt auf ein steuerpflichtiges Entgelt von 5.100,47 Euro. Die Berechnung hierzu lautet: Arbeitgeber-Umlage 322,50 Euro (= 6,45 Prozent des zusatzversorgungspflichtigen Entgelts) minus pauschal vom Arbeitgeber zu versteuernder Betrag von 92,03 Euro minus steuerfrei gestellter Betrag von 130 Euro (= 2 Prozent der Beitragsbemessungsgrenze in der gesetzlichen Rentenversicherung von 6.500 Euro in 2018) gleich 100,47 Euro zusätzlich zu versteuernder Betrag.

Die Summe aus zusatzversorgungspflichtigem Entgelt von 5.000 Euro und zusätzlich zu versteuerndem Betrag von 100,47 Euro ergibt dann das steuerpflichtige Entgelt von 5.100,47 Euro. Läge das Bruttogehalt bei 6.500 Euro, würde sich das steuerpflichtige Entgelt auf 6.697,22 Euro erhöhen.

Die Klage eines Arbeitnehmers vor dem Bundesfinanzhof (BFH) gegen die grundsätzliche Versteuerung der Arbeitgeber-Umlage wurde mit der Begründung abgewiesen, dass die Arbeitgeber-Umlage **steuerlich wie Arbeitsentgelt** zu behandeln ist (siehe das BFH - Urteil[55] vom 07.05.2009).

---

[55] Az. VI R 8/07

In der umlagefinanzierten Zusatzversorgung werden die Angestellten des öffentlichen Dienstes grundsätzlich mit zusätzlichen Abgaben und Steuern belastet, da ihr steuer- und sozialversicherungspflichtiges Entgelt regelmäßig über dem Bruttogehalt (sog. zusatzversorgungspflichtiges Entgelt) liegt. Die VBL West entwickelt sich somit wie andere Zusatzversorgungskassen mit Umlagefinanzierung faktisch zur "Zusatzbelastungskasse" für Angestellte im öffentlichen Dienst.

Besteuerung von Pensionen

Der weitaus größte Teil der Altersversorgung von Beamten entfällt bei Beamten mit gemischter Erwerbsbiografie (erst Angestellter, dann Beamter) auf die Beamtenpension, die auch als „Ruhegehalt" oder steuerrechtlich als „Versorgungsbezug" bezeichnet wird.

Nur-Beamte, die nie als Arbeitnehmer tätig waren, erhalten grundsätzlich nur eine Beamtenpension. Zusätzliche Alterseinkünfte müssten sie sich mit eigenen freiwilligen Beiträgen zur gesetzlichen Rente, Riester-Rente, Rürup-Rente oder Privatrente aus der privaten Rentenversicherung aufbauen.

Tabelle 24: Steuerfreie Anteile von Rente und Pension

Ruhe-stands-beginn	stfreier Anteil Pension	Steuerfreier Anteil (€) der Pension	Ruhe-stands-beginn	stfreier Anteil Rente	Steuerfreier Anteil (€) der Rente
< = 2005	50 %	3.900 €	2023	17 %	1.326 €
2006	48 %	3.744 €	2024	16 %	1.248 €
2007	46 %	3.588 €	2025	15 %	1.170 €
2008	44 %	3.432 €	2026	14 %	1.092 €
2009	42 %	3.276 €	2027	13 %	1.014 €
2010	40 %	3.120 €	2028	12 %	936 €
2011	38 %	2.964 €	2029	11 %	858 €
2012	36 %	2.808 €	2030	10 %	780 €
2013	34 %	2.652 €	2031	9 %	702 €
2014	32 %	2.496 €	2032	8 %	624 €
2015	30 %	2.340 €	2033	7 %	546 €
2016	28 %	2.184 €	2034	6 %	468 €
2017	26 %	2.028 €	2035	5 %	390 €
2018	24 %	1.872 €	2036	4 %	312 €
2019	22 %	1.716 €	2037	3 %	234 €
2020	20 %	1.560 €	2038	2 %	156 €
2021	19 %	1.482 €	2039	1 %	78 €
2022	18 %	1.404 €	2040 und später	0 %	0 €

Beamtenpensionen werden als Einkünfte aus nichtselbstständiger Tätigkeit ähnlich wie Löhne und Gehälter besteuert. Im Gegensatz zum Arbeitnehmerpauschbetrag von jährlich 1.000 Euro steht Ihnen als Pensionär ein steuerlicher **Versorgungsfreibetrag** zu, der von anfangs 3.900 Euro im Jahr 2005 auf beispielsweise jährlich 1.872 Euro beim Pensionsbeginn in 2018 abgeschmolzen ist. Nur noch 1.560 Euro sind es im Jahr 2020 und nur noch 1.170 Euro, wenn die erste Pensionszahlung im Jahr 2025 beginnt (siehe Tabelle 24). Ab dem Jahr 2040 gibt es keinen Versorgungsfreibetrag mehr, sondern nur noch die Werbungskostenpauschale von 102 Euro wie bei Rentnern.

Der Pensionär genießt den steuerlichen Versorgungsfreibetrag während der gesamten Pensionsdauer. Ähnlich wie beim steuerfreien Anteil der gesetzlichen Rente handelt es sich um einen Festbetrag, der sich nicht ändert. Nur die Pensionssteigerungen werden wie die Rentensteigerungen voll versteuert.

Steuerfreier Altersentlastungsbetrag

Der steuerfreie **Altersentlastungsbetrag** steht mindestens 65-jährigen Rentnern und Pensionären nur bei Alterseinkünften zu, die nicht zu den gesetzlichen Renten und Rürup-Renten sowie Beamten- und Betriebspensionen zählen. Daher kommen für den Abzug des Altersentlastungsbetrages nur folgende zusätzliche Alterseinkünfte in Frage:

- voll besteuerte Betriebsrenten und Riester-Renten, deren Beiträge in der Ansparphase steuerbegünstigt waren bzw. durch Zulagen gefördert wurden
- nicht abgeltungsteuerpflichtige Kapitalerträge wie Zins- und Dividendeneinkünfte, die als Einkünfte aus Kapitalvermögen besteuert werden (siehe BFH-Urteil [56] vom 25.04.2017)
- Mieteinkünfte (positive Einkünfte oder Gewinne aus Vermietung und Verpachtung)
- Arbeitseinkommen als Löhne oder Gewinne (Einkünfte aus selbstständiger oder nicht selbstständiger Tätigkeit).

Wer beispielsweise im Jahr 2018 mit 65 Jahren in den Ruhestand geht und zusätzliche Alterseinkünfte außer gesetzlichen Renten und Pensionen erzielt, kann einen Altersentlastungsbetrag von 19,2 Prozent der Bruttoeinnahmen, maximal aber 912 Euro jährlich abziehen. Das Finanzamt berücksichtigt den Altersentlastungsbetrag automatisch, sofern die Voraussetzungen dafür vorliegen.

Bei allen Rentnern und Pensionären, die erst nach 2018 das 65. Lebensjahr vollenden, sinkt der Altersentlastungsbetrag schrittweise bis auf

---

[56] Az. III B 1/56

beispielsweise 760 Euro in 2020 oder nur noch 380 Euro in 2030 (siehe Tabelle 25). Für alle Geburtsjahrgänge ab 1975 entfällt der Altersentlastungsbetrag völlig, da diese jüngeren Jahrgänge erst ab 2040 ihren 65. Geburtstag feiern.

Bei Verheirateten, die beide mindestens 65 Jahre alt und Rentner oder Pensionäre sind, kann jeder Ehegatte den steuerlichen Altersentlastungsbetrag für sich beanspruchen, sofern er eigene sonstige Alterseinkünfte hat. Insofern macht es aus steuerlicher Sicht Sinn, hohe zusätzliche Alterseinkünfte des einen Ehegatten teilweise auf den anderen Ehegatten zu verlagern.

Der steuerfreie Altersentlastungsbetrag bleibt hinsichtlich des Prozentsatzes und des Höchstbetrages auf Dauer unverändert. Nur der tatsächlich abzugsfähige Betrag kann sich in Abhängigkeit von der Höhe der zusätzlichen Alterseinkünfte ändern.

Um beispielsweise den Höchstbetrag von 912 Euro in 2018 zu erhalten, müssen immerhin zusätzliche Einnahmen von 4.750 Euro vorliegen, denn 19,2 Prozent davon ergeben laut Tabelle 25 genau diese 912 Euro. Liegt eine jährliche Betriebsrente brutto im Jahr zum Beispiel nur bei 3.000 Euro, sinkt der steuerlicher Altersentlastungsbetrag auf 576 Euro (= 19,2 Prozent von 3.000 Euro).

Wer in 2030 in Rente geht, kann nur noch von einem Altersentlastungsbetrag von höchstens 380 Euro gleich 8 Prozent von 4.750 Euro profitieren. Ab Rentenbeginn in 2040 gibt es überhaupt keinen Altersentlastungsbetrag mehr.

Tabelle 25: Steuerfreier Altersentlastungsbetrag für zusätzliche Alterseinkünfte

65 Jahre oder älter im Kalenderjahr	Altersentlastungsbetrag		65 Jahre oder älter im Kalenderjahr	Altersentlastungsbetrag	
	in %	max. in Euro		in %	max. in Euro
2005	40 %	1.900 Euro	2023	13,6 %	646 Euro
2006	38,4 %	1.824 Euro	2024	12,8 %	608 Euro
2007	36,8 %	1.748 Euro	2025	12,0 %	570 Euro
2008	35,2 %	1.672 Euro	2026	11,2 %	532 Euro
2009	33,6 %	1.596 Euro	2027	10,4 %	494 Euro
2010	32%	1.520 Euro	2028	9,6 %	456 Euro
2011	30,4 %	1.444 Euro	2029	8,8 %	418 Euro
2012	28,8 %	1.368 Euro	2030	8,0 %	380 Euro
2013	27,2 %	1.292 Euro	2031	7,2 %	342 Euro
2014	25,6 %	1.216 Euro	2032	6,4 %	304 Euro
2015	24 %	1.140 Euro	2033	5,6 %	266 Euro
2016	22,4 %	1.064 Euro	2034	4,8 %	228 Euro
2017	20,8 %	988 Euro	2035	4,0 %	190 Euro
2018	19,2 %	912 Euro	2036	3,2 %	152 Euro
2019	17,6 %	836 Euro	2037	2,4 %	114 Euro
2020	16 %	760 Euro	2038	1,6 %	76 Euro
2021	15,2 %	722 Euro	2039	0,8 %	38 Euro
2022	14,4 %	684 Euro	2040	0,0 %	0 Euro

Steuerliche Änderungen in 2018

Sinkender steuerfreier Altersentlastungsbetrag sowie sinkende steuerfreie Renten- und Pensionsanteile bei Renten- oder Pensionsbeginn in 2018 sind eher schlechte Nachrichten für Neurentner und Neupensionäre. Der steuerfreie Altersentlastungsbetrag für mindestens 65-jährige Ruheständler mit zusätzlichen Alterseinkünften sinkt jedoch nur um maximal 76 Euro und der steuerfreie Versorgungsfreibetrag für Neupensionäre um 156 Euro im Vergleich zu 2017.

Neurentner müssen 76 Prozent ihrer gesetzlichen Rente versteuern und damit zwei Prozentpunkte mehr im Vergleich zu 2017. Somit bleiben nur noch 24 Prozent statt vorher 26 Prozent der gesetzlichen Rente steuerfrei.

Diesen steuerlichen Nachteilen für neu hinzukommende Rentner und Pensionäre stehen jedoch auch steuerliche Vorteile gegenüber. Der steuerliche Grundfreibetrag steigt auf 9.000 Euro für Alleinstehende nach der Grundtabelle bzw. 18.000 Euro für Verheiratete nach der Splittingtabelle. Dies sind 180 bzw. 360 Euro mehr im Vergleich zu 2017. Alleinstehende und gesetzlich krankenversicherte Neurentner ohne weitere Alterseinkünfte müssen keine Steuern zahlen, sofern ihre gesetzliche Rente nicht über monatlich 1.174 Euro brutto hinausgeht.

Der steuerliche Höchstbetrag für Extrabeiträge zur gesetzlichen Rente steigt auf 23.712 bzw. 47.424 Euro für Alleinstehende bzw. Verheiratete, also um 350 bzw. 700 Euro im Vergleich zu 2017. Darüber hinaus steigt der steuerlich abzugsfähige Anteil für diese Extrabeiträge im Jahr 2018 um zwei Prozentpunkte auf 86 Prozent. Arbeitnehmeranteile zur gesetzlichen Rentenversicherung sind zu 72 Prozent statt vorher 68 Prozent steuerlich abzugsfähig, was in den Lohnsteuertabellen für 2018 automatisch berücksichtigt wird.

Weitere Steuersparmöglichkeiten betreffen alle Steuerzahler. Wer ab 2018 Arbeitsmittel wie Laptop, Smartphone oder Büromöbel kauft, kann Anschaffungskosten bis zu 952 Euro inklusive Mehrwertsteuer steuerlich sofort absetzen. In 2017 war dies nur bis zu einem Preis von 487,90 Euro möglich. Lag der Preis darüber, mussten die Kosten für Arbeitsmittel über mehrere Jahre abgeschrieben werden.

Wie in den vergangenen Jahren gibt es weiterhin eine Steuerermäßigung für Handwerkerarbeiten und haushaltsnahe Dienstleistungen. Bei Handwerkerarbeiten im Haushalt wie Renovierungs- Erhaltungs- und Modernisierungsarbeiten können beispielsweise 20 Prozent der Lohnkosten direkt von der Einkommensteuer abgezogen werden. Diese Steuerermäßigung darf höchstens 1.200 Euro im Jahr ausmachen. Daraus folgt, dass anteilige Lohnkosten in Höhe von 6.000 Euro und mehr zu einer unmittelbaren Steuerersparnis von 1.200 Euro führen.

Wie bisher gibt es auch in 2018 die Möglichkeit, Beiträge zur Krankenversicherung bis zu zweieinhalb Jahre im voraus zu zahlen. In aller Regel geht dies aber nur für Beiträge von privat Krankenversicherten und freiwillig gesetzlich Krankenversicherten. Eine solche Vorauszahlung im Jahr 2018 wird zu einer besonders hohen Steuerersparnis führen. Zwar können dann in den Jahren 2019 und 2020 keine Beiträge zur Krankenversicherung steuerlich berücksichtigt werden. Jedoch können nunmehr andere Versicherungsbeiträge (zum Beispiel für Pflegekostenversicherung, Unfallversicherung, Privathaftpflicht- und Autohaftpflichtversicherung sowie Risikolebensversicherung) steuerlich innerhalb bestimmter Grenzen abgezogen werden, die ansonsten unter den Tisch fallen würden.

Ab der Einkommensteuererklärung 2017 müssen keine Belege mehr beim Finanzamt eingereicht werden. Da das Finanzamt Belege aber nachfordern kann, sollten alle Belege mindestens bis zum Erhalt der Einkommensteuerbescheids aufbewahrt werden.

Umfangreiche Ratschläge und Tipps zum Steuernsparen im Ruhestand finden Sie in meinem Buch „Richtig Steuern sparen im Ruhestand", das im April 2018 beim M&E Books Verlag erscheinen wird.

ZUM AUTOR

Nach dem Studium der Wirtschaftswissenschaften an der Universität zu Köln und einem Zweitstudium in Mathematik an der Universität Bochum war Werner Siepe vierzig Jahre lang als Dozent für Volkswirtschaft und Mathematik tätig. In den 1990er Jahren war er auch Dozent an der Immobilienakademie sowie Finanzakademie der European Business School in Oestrich-Winkel.

Seit 1987 beschäftigt sich Siepe schriftstellerisch intensiv mit den Themen Immobilien und Altersvorsorge. Bereits seine beiden ersten Bücher „Wie ersteigere ich ein Haus oder eine Wohnung" und „Die beste Finanzierung für Ihr eigenes Haus" wurden Verlagsbestseller. Später kamen Bücher über Kauf, Vermietung und Verkauf von Immobilien hinzu.

Seit 2007 widmet er sich in Studien und Büchern verstärkt dem Thema Altersvorsorge. Dabei geht es um aktuelle, praxisnahe und verständliche Fakten sowie Ratschläge zur gesetzlichen Rente, Beamtenpension, berufsständischen Rente für Freiberufler und Betriebsrente für Arbeitnehmer. Praktische Erfahrungen gibt Siepe ab 2012 als freiberuflicher Versorgungsberater öffentlicher Dienst auf Honorarbasis weiter sowie als ehrenamtlicher Helfer in Rentensachen im örtlichen Haus der Kirchen. Mit erfahrenen Rentenberatern steht er in ständigem Kontakt.

Im Jahr 2017 wurden seine Bücher „Ihr Weg zu mehr gesetzlicher Rente", „Ihr Weg zu mehr Pension" und „Ihr Weg zu mehr Rente als Freiberufler" im M&E Books Verlag veröffentlicht. Das Buch „Ihr Weg zu mehr Betriebs- und Zusatzrente" hat er zusammen mit Dr. Friedmar Fischer, Experte in der Zusatzversorgung des öffentlichen Dienstes, verfasst.

Nach dem Rentenratgeber Spezial „Extrabeiträge zur gesetzlichen Rente – Warum die Jahre 2017 bis 2023 als die sieben guten Rentenjahre gelten" folgt im April 2018 das Siepe-Buch „Richtig Steuern sparen im Ruhestand". Im Juli 2017 wird die erfolgreiche „Ihr Weg zu mehr ..."-Reihe mit dem Buch „Ihr Weg zu mehr Rente mit Immobilien" fortgesetzt.

Ihr Weg zu mehr Rente als Freiberufler

ISBN 978-3947201198
(Taschenbuch)
ISBN 978-3947201204
(geb. Ausgabe)
Auf Amazon.de:
http://amzn.to/2whMay9

Ihr Weg zu mehr Betriebs und Zusatzrente

ISBN 978-3947201174
(Taschenbuch)
ISBN 978-3947201181
(geb. Ausgabe)
Auf Amazon.de:
http://amzn.to/2wJgIPJ

Ihr Weg zu mehr Pension Praxis-Ratgeber für Beamte

ISBN 978-3947201075
(Taschenbuch)
ISBN 978-3947201129
(geb. Ausgabe)
Auf Amazon.de:
http://amzn.to/2qh5YTf

Ihr Weg zu mehr gesetzlicher Rente

ISBN 978-3947201006
(Taschenbuch)
ISBN 978-3947201112
(geb. Ausgabe)
Auf Amazon.de:
http://amzn.to/2pypEkQ

Lightning Source UK Ltd.
Milton Keynes UK
UKHW022008280223
417828UK00005B/78

9 783947 201280